情绪团体心理辅导设计指南

QINGXU TUANTI XINLI FUDAO
SHEJI ZHINAN

黄大庆 ◎ 编 著

首都经济贸易大学出版社
Capital University of Economics and Business Press
·北京·

图书在版编目（CIP）数据

情绪团体心理辅导设计指南/黄大庆编著 . --北京：首都经济贸易大学出版社，2020.5
 ISBN 978-7-5638-3013-8

Ⅰ.①情… Ⅱ.①黄… Ⅲ.①大学生-心理健康-心理辅导-指南 Ⅳ.①G444-62

中国版本图书馆 CIP 数据核字（2020）第 036655 号

情绪团体心理辅导设计指南
黄大庆　编著

责任编辑	洪　敏
封面设计	砚祥志远·激光照排　TEL: 010-65976003
出版发行	首都经济贸易大学出版社
地　　址	北京市朝阳区红庙（邮编 100026）
电　　话	（010）65976483　65065761　65071505（传真）
网　　址	https：//sjmcb.cueb.edu.cn
经　　销	全国新华书店
照　　排	北京砚祥志远激光照排技术有限公司
印　　刷	北京九州迅驰传媒文化有限公司
成品尺寸	170 毫米×240 毫米
字　　数	224 千字
印　　张	12.75
版　　次	2020 年 5 月第 1 版
印　　次	2025 年 7 月第 1 版第 5 次印刷
书　　号	ISBN 978-7-5638-3013-8
定　　价	45.00 元

图书印装若有质量问题，本社负责调换
版权所有　侵权必究

前　言

　　本书的写作是与心理咨询工作分不开的。在心理咨询的过程中，自身最大的感受就是，许多人的心理问题都源自情绪的困扰，许多冲动的行为都是因为情绪控制力比较差。

　　情绪控制能力的高低直接反映出一个人心理能量的强大与否。消极的情绪容易造成心理扭曲，自身人格的损伤，对他人产生攻击行为，严重影响个体的身心发展、社会交往，影响团体的氛围、社会的和谐。

　　人的情绪是复杂多变的，面对同一问题，不同的人会有不同的情绪反应。但无论如何，情绪是可以被理解、被控制的。及时地对大学生进行心理辅导，多向他们传递正能量，多输送情绪管理的方法与技巧，能够让青年学生拥有更有效的情绪控制能力，对他们的成长与发展都是非常有益的。一对一地解决个人的具体情绪事件问题是必需的，然而，要想让更多的人受惠，就需要运用团体辅导的形式培养大学生对情绪的理解与掌控。

　　目前，团体辅导活动是高校心理健康教育中普遍采用的形式。团体辅导形式利用多变的活动，创设各种问题情境，通过成员间的体验、互动、分享，帮助团体成员发展和完善心理品质。虽然团体辅导活动有优势，但是一线的辅导员，有许多人并非出身于心理学专业，也没有受过专门的心理训练，对他们来说，快速地组织一场情绪团体辅导活动是相对比较困难的。本书的初衷是为了能够方便在一线工作的辅导员，在面对大学生的问题时，能够有章可循。所以本书的编写体例强调实操性，每章的主题都是从为什么要做这个主题出发，梳理有哪些名人谈过此主题，与主题相关的名人故事，现实案例故事，心理学相关实验，有哪些可用的团体活动，如何从理念与行为进行改变，能够推荐给学生阅读的书籍与影视作品，以及一些心理测试。总之，本书有着比较鲜明的特点：有问题、有故事、有案例、有实验、有活动、有建议。辅导员从各部分抽取相关内容进行组合就可以转变为一场情绪团体辅导活动。相信在本书的帮助下，会有更多的一线辅导员能够顺利地进行情绪团体辅导教育活动。

本书的完成要感谢学校领导的大力支持，感谢阳光易德的鼎力相助，感谢高长平等人的倾力相助，感谢首都经济贸易大学出版社，感谢编辑们的敬业精神；感谢在编写过程中参考和引用的文献著作的原作者们；感谢身边的每一个人。愿大家幸福安康。

目 录

第一章 抑郁情绪的团体辅导 ... 1
导语 ... 1
谈抑郁 ... 3
名人故事 ... 3
 故事1 丘吉尔的故事 ... 3
 故事2 海明威的故事 ... 5
 故事3 崔永元的故事 ... 5
 故事4 罗琳的故事 ... 6
案例故事 ... 7
 案例1 女大学生的案例 ... 7
 案例2 男大学生的案例 ... 8
心理学实验 ... 9
 实验1 应激与抑郁 ... 9
 实验2 友谊质量在亲子依恋与抑郁间的中介作用 ... 10
团体辅导活动方案 ... 11
 活动1 每个人都可能抑郁 ... 12
 活动2 走出忧郁 ... 13
 活动3 赶走你的抑郁想法 ... 14
 活动4 给自己当心理医生 ... 15
 活动5 理解并克服抑郁 ... 16
 活动6 常见抑郁症的思维误区 ... 18
行动指南 ... 18
 理念指南 ... 18
 行为建议 ... 19
重点推荐 ... 19
 推荐读物 ... 19

推荐电影 ··· 22
　　附录：抑郁自评量表 ··· 24

第二章　压力情绪的团体辅导

导语 ··· 26
谈压力 ·· 28
名人故事 ·· 29
　　故事1　凯文·卡特的故事 ······································ 29
　　故事2　项羽的故事 ··· 30
　　故事3　马修·埃蒙斯的故事 ··································· 31
案例故事 ·· 32
　　案例1　王同学的故事 ·· 32
　　案例2　中国女排的故事 ······································· 32
　　案例3　羚羊的兴衰 ··· 33
心理学实验 ··· 33
　　实验1　布瑞迪的"执行猴"实验 ······························ 33
　　实验2　津巴多的"模拟监狱实验" ···························· 35
　　实验3　南瓜的力量 ··· 36
团体辅导活动方案 ·· 37
　　活动1　压力是什么 ··· 38
　　活动2　压力知多少 ··· 39
　　活动3　我有压力吗 ··· 40
　　活动4　谁能支持我 ··· 41
　　活动5　越压越有力 ··· 42
　　活动6　在压力中成长 ·· 43
行动指南 ·· 45
　　理念指南 ··· 45
　　行为建议 ··· 45
重点推荐 ·· 46
　　推荐读物 ··· 46
　　推荐电影 ··· 50
附录：生活事件量表 ·· 52

第三章 挫折情绪的团体辅导

- 导语 ················ 58
- 谈挫折 ················ 60
- 名人故事 ················ 61
  - 故事1 诺贝尔的故事 ················ 61
  - 故事2 马云的故事 ················ 63
  - 故事3 海伦·凯勒的故事 ················ 64
- 案例故事 ················ 64
  - 案例1 吕轶的故事 ················ 64
  - 案例2 小王同学的故事 ················ 65
- 心理学实验 ················ 66
  - 实验1 习得性无助实验 ················ 66
  - 实验2 "剥夺睡眠"的实验 ················ 68
- 团体辅导活动方案 ················ 68
  - 活动1 挫折与人生 ················ 70
  - 活动2 认识挫折 ················ 71
  - 活动3 挫折产生 ················ 72
  - 活动4 挫折反应 ················ 73
  - 活动5 挫折处方 ················ 75
  - 活动6 逆风飞翔 ················ 76
- 行动指南 ················ 77
  - 理念指南 ················ 77
  - 行为建议 ················ 78
- 重点推荐 ················ 78
  - 推荐读物 ················ 78
  - 推荐电影 ················ 80
- 附录：挫折自评量表 ················ 82

第四章 焦虑情绪的团体辅导

- 导语 ················ 86
- 谈焦虑 ················ 88

名人故事 ··· 89
　故事 1　几米的故事 ··· 89
　故事 2　演艺人的故事 ·· 90
案例故事 ··· 91
　案例 1　焦虑的沙鼠 ··· 91
　案例 2　服兵役的故事 ·· 92
　案例 3　摔碎的牛奶瓶 ·· 93
心理学实验 ··· 94
　实验 1　情绪实验 ·· 94
　实验 2　kiss 基因实验 ··· 94
团体辅导活动方案 ·· 96
　活动 1　你正在焦虑吗 ··· 97
　活动 2　焦虑源于什么 ··· 98
　活动 3　理解"健康的"焦虑 ···································· 99
　活动 4　理解你的焦虑 ··· 100
　活动 5　区分焦虑 ··· 102
　活动 6　抵御焦虑 ··· 103
行动指南 ··· 103
　理念指南 ·· 103
　行为建议 ·· 103
重点推荐 ··· 104
　推荐读物 ·· 104
　推荐电影 ·· 107
附录：焦虑自评量表 ··· 111

第五章　恐惧情绪的团体辅导 ································· 113
导语 ··· 113
谈恐惧 ·· 115
名人故事 ··· 116
　故事 1　克里蒙·斯通的故事 ···································· 116
　故事 2　导演李安的故事 ··· 117
案例故事 ··· 121

案例 1　求助者阿南 ………………………………………… 121
　　案例 2　小孩与蛇 …………………………………………… 122
　心理学实验 ……………………………………………………… 123
　　实验 1　华生的小阿尔伯特恐惧实验 ………………………… 123
　　实验 2　美国心理学家马丁加拉德的心理学实验 …………… 124
　团体辅导活动方案 ……………………………………………… 124
　　活动 1　恐惧与人生 ………………………………………… 125
　　活动 2　克服恐惧 …………………………………………… 126
　　活动 3　认识恐惧症 ………………………………………… 127
　　活动 4　克服恐惧的信念 …………………………………… 128
　　活动 5　情绪暴露练习 ……………………………………… 128
　　活动 6　恐惧症治疗 ………………………………………… 129
　行动指南 ………………………………………………………… 130
　　理念指南 ……………………………………………………… 130
　　行为建议 ……………………………………………………… 130
　重点推荐 ………………………………………………………… 131
　　推荐读物 ……………………………………………………… 131
　　推荐电影 ……………………………………………………… 134
　附录：社交恐惧行为自评测试 ………………………………… 136

第六章　悲伤情绪的团体辅导 …………………………… 138
　导语 ……………………………………………………………… 138
　谈悲伤 …………………………………………………………… 139
　名人故事 ………………………………………………………… 140
　　故事 1　运动员桑兰的故事 ………………………………… 140
　　故事 2　赵戬的故事 ………………………………………… 141
　案例故事 ………………………………………………………… 142
　　案例 1　杨绛的故事 ………………………………………… 142
　　案例 2　王先生的心碎综合征 ……………………………… 143
　心理学实验 ……………………………………………………… 144
　　实验 1　情绪一致性 ………………………………………… 144
　　实验 2　悲伤的有益部分 …………………………………… 145

团体辅导活动方案 ·· 148
 活动 1 爱就在身边 ································ 149
 活动 2 情景再现 ···································· 150
 活动 3 普遍的悲伤 ································ 151
 活动 4 与悲伤共舞 ································ 151
 活动 5 极度悲伤 ···································· 153
 活动 6 美好的未来 ································ 153
行动指南 ··· 154
 理念指南 ··· 154
 行为建议 ··· 154
重点推荐 ··· 155
 推荐读物 ··· 155
 推荐电影 ··· 158
附录：悲伤体验问卷 ······························ 160

第七章 愤怒情绪的团体辅导 ················ 162

导语 ·· 162
谈愤怒 ··· 164
名人故事 ··· 165
 故事 1 诸葛亮三气周瑜 ······················· 165
 故事 2 司马迁发愤写《史记》 ·············· 166
案例故事 ··· 167
 案例 1 钉子的案例 ······························ 167
 案例 2 野马结局 ································· 167
心理学实验 ·· 168
 实验 1 人际冲突 ································· 168
 实验 2 愤怒导致危险驾驶行为 ·············· 169
团体辅导活动方案 ································ 170
 活动 1 最危险的情绪 ··························· 171
 活动 2 为什么会愤怒 ··························· 173
 活动 3 识别你的愤怒 ··························· 174
 活动 4 了解愤怒的根源 ······················· 176

活动 5　学会控制愤怒 …………………………………… 177
　　活动 6　打造更好的自己 …………………………………… 178
行动指南 ………………………………………………………… 179
　　理念指南 ………………………………………………… 179
　　行为建议 ………………………………………………… 179
重点推荐 ………………………………………………………… 180
　　推荐读物 ………………………………………………… 180
　　推荐电影 ………………………………………………… 185
附录：诺瓦克愤怒量表 ………………………………………… 187

第一章　抑郁情绪的团体辅导

导语

生而为人，人类作为一种拥有感情的高级灵长类动物，在进行每项活动时都会产生各种各样的情绪。其中，最普遍、最通俗的就是喜、怒、哀、惊、爱。当然也会产生细腻且微妙的情绪，比如"别人家的孩子"：当我们听见爸爸妈妈称赞"别人家的孩子"时，多会产生嫉妒的情绪；或者反过来当我们某天知道自己就是"别人家的孩子"时，心中所产生的是骄傲、自豪的情绪；当别人称赞我们为"别人家的孩子"，但我们心知肚明自己并没有"别人家的孩子"的实力，就会觉得惭愧。

我们是否会注意到身边有这样的人，或者自己在某个时候觉得情绪低落，对周围一切失去兴趣，曾经想去做的事情，甚至不愿去做。例如，该吃午饭的时候，你开始想"我还得把食物拿出来，放到盘子里，得去切，得咀嚼，得咽下去，感觉就像耶稣受难"，然后你就会对吃午饭失去动力，丧失对执行吃午饭这个行为的欲望。而类似的这种情绪，就是抑郁。

生活中经常听到有人在说"郁闷""烦躁""别理我，烦着呢"等词，在青少年集体中这些词已经成为与"爽""酷"等流行语齐名的口头禅。实际上，这些词都是抑郁情绪的代名词。当前社会竞争日益激烈，几乎每个人都在超负荷运转，很容易产生不同程度的抑郁情绪，这是一种很常见的情感成分。当人们遇到精神压力、生活挫折、痛苦境遇、生老病死、天灾人祸等情况时，会产生抑郁情绪。我们常因为生活中一些不如意的事情而情绪低落。正常人的抑郁情绪是基于一定的客观事物，事出有因，而且会有一定的时限性，当生活事件解决时会自然缓解。

随着社会的发展，人际关系逐渐复杂化，个人在社会中承受的压力越来越大，焦虑与抑郁的心理问题随之增加，尤其是在校大学生。大学生正处在青年发育的后期，心理尚未完全成熟，心理问题的发生率高于成年人群。抑郁作为一种比较常见的消沉情绪状态，对人形成的精神痛苦是难以估计的，在情绪上表现出强烈而持久的悲观，对周围的一切失去兴趣，对自己的未来感到失望；在认知上，往往以偏概全，过分关注事物的消极面，贬低积极的一面，在思维、记忆等认知活动中，经常出现效率低下的现象；在对自我的评价方面，总是对自己持一种否定态度，常常感到自卑，缺乏自信、自尊，心目中的理想自我与现实自我存在很大的距离，现实自我达不到理想自我的要求。在悲观失望的同时，有抑郁感的学生常处在焦虑状态中，因为身体上的不适，长期失眠而导致的上课注意力不集中，学习效率低下，总感觉自己不如别人，长此以往，致使他们很难坚持完成学业。

在技术、娱乐、设计（Technology，Entertainment，Design，TED）演讲上，一个身陷抑郁的人说："有三种东西是人们容易混淆的，抑郁、悲伤、难过，困扰他们的不是疾病本身，而是对一些事实的偏执，他们会对一些事实超乎常人地在意。抑郁让人筋疲力尽，会消耗掉你全部的时间和精力，而对此保持沉默，只会让抑郁的症状变得更加严重。"抑郁是人的一种情绪，有抑郁的状态或症状，并不代表是抑郁症。抑郁症是一种生理疾病，是"一系列改变"而不是单纯的情绪问题，患者在生理上，心理状态、人际关系、社会功能上都会受到损害。

每个人都可能产生抑郁的情绪，作为新时代的大学生，应当学会预防、疏导抑郁情绪，积极面对生活。

人在抑郁的时候，容易在消极的想法里沉迷深陷，就像踩着转轮的小老鼠，逃而不能。所有糟糕的念头一并而来：我完蛋了，我再也好不起来了，我很糟糕，等等，无数人都有过这种自我怀疑，很多研究证实，在这种情形下，做冥想会很有帮助，也可以写一篇文章，或者买一个拖把，与朋友约一个饭局。

建议给自己创造一个情绪上的安身之处。有的治疗技术会让来访者在冥想的状态下，回忆或想象让自己感到舒适、安全、快乐的环境或情境，这个环境可以是你小时候居住的房子、山清水秀的野外，或是年幼时好朋友的家，甚至是你想象出来的，让你舒服和快乐的环境。但重要的是，你念头里面有这样一个地方。这个地方能够给你带来好的感受。

抑郁情绪的存在让人的心理更加脆弱不堪，疏导也不是一蹴而就的，人们或多或少都会有被抑郁情绪缠身的时候，需要把这种情绪化解掉。本章所要做的便是使人能够摆脱抑郁的负面效果，获得阳光愉悦的美好心情。

谈抑郁

　　心中的抑郁就像只黑狗，一有机会就咬住我不放。

（英）丘吉尔

　　禁欲对身体是有害的，严重者男女皆可出现神经症病状，如失眠、食欲不振、性格孤僻、易发无名火等，这是一种性抑郁的表现。

（奥）弗洛伊德

　　我之所以走出抑郁，成为今天的我，就是因为我抑郁过，八岁时我只注目于我缺乏的东西，我渴望能有手有脚，我渴望能做这做那，但是我真的又能做什么？我只有一个选择，我可以选择为没有四肢而愤怒，或者我可以选择为仍有"小鸡腿"而感恩，我仍然可以做很多事，在家我可以刷牙、梳头，现在甚至能环游世界，真的不可思议。

（澳）尼克胡哲

　　极端病态与极端觉悟的人终究不多，时代是这么的沉重，不容我们那么容易就大彻大悟。

（中）张爱玲

　　心情抑郁的人只能做抑郁的梦，要是更加抑郁，连梦都不做的。

（日）村上春树

名人故事

故事1　丘吉尔的故事

　　2002年，温斯顿·丘吉尔被英国广播公司（British Broadcasting Corforation，BBC）评选为"有史以来最伟大的英国人"。然而，这位伟大的英国男人，虽然在第二次世界大战中带领英国取得胜利，拯救了无数人的生命，但却逃不过抑郁的折磨，他一直独自承受着抑郁症的困扰。

　　丘吉尔的抑郁一方面来自遗传；一方面来自成长环境。丘吉尔的密友布伦丹·布拉肯透露说，丘吉尔家族有抑郁症病史。英国精神病学家安东尼·斯托尔通过研究相关资料得出结论：丘吉尔的抑郁最早来源于童年时期受到的冷落。因为他的父亲热衷于政治，母亲热衷于社交，对其情感关爱比较少，他唯一的情感依靠来源就是奶妈。在这种特殊的、亲情氛围稀薄状态下成长，造成了他内心无助感的滋生。

丘吉尔的少年与青年时期，也是充满了各种被歧视的经历。莫兰爵士曾说："在学校，我看到的是一个多愁善感的小男生，总是受欺、挨打；长大成人了，还是身材矮小，骨瘦如柴，一双手细白得像个女人，胸口无毛，讲起话来吞吞吐吐，有点结巴。"这样的环境肯定会让丘吉尔的内心备受煎熬。

丘吉尔的私人医生查尔斯·麦克莫兰·威尔森在著作《丘吉尔私人医生的日记》中写道：1944年8月14日，丘吉尔曾对威尔森说："年轻的时候，大概两三年吧，所见全是暗淡，我照常工作，坐在下议院，但黑色的忧郁笼罩着我。当一辆快车通过时，我不敢站在站台月台边缘，非得退到后面，最好有个枕垫之类的东西挡在我与列车中间。我也不敢站在船边往下看，下一个动作可能就会结束一切。绝望不绝如缕。在这种时刻，我完全不想出门，我逼自己写下六样让我焦虑的事，其中两样是'消失'掉；另外两样，无计可施，焦虑也没用；只有两样，也许能够解决。"足见，即便在第二次世界大战中丘吉尔成为首相，带领英国反抗德意法西斯，登上人生的顶点时，他内心的无尽阴郁仍时时流露。丘吉尔曾经苦笑着对身边的人说："我还不想告别这个世界，但念头，那种一跃而下的念头却会钻进脑子里。"

丘吉尔避免掉入抑郁的深渊，被"黑狗"牵制，他将自己的注意力放在了文学、绘画等消遣上，很好地转移强烈的内在压力。40岁的丘吉尔选择拿起画笔，靠业余时间不停作画，才得以从抑郁中解脱出来。1990年，丘吉尔的女儿出版的《画家丘吉尔》（Winston Churchill: His Life As a Painter）中说，正是绘画给了丘吉尔勇气，让他借以排遣心中的抑郁。丘吉尔曾发自肺腑地说："如果不是绘画给我的精神支持，我恐怕活不到今天。"

评论：这个故事告诉我们，即使上天给了我们先天的缺陷，也不必气馁放弃；即便家庭环境已然决定了我们的性格，也不用妄自菲薄；即使对生活充满了悲伤，也要化悲愤为力量奋力前行。可能有时丧失了生的希望，心中只剩下了绝望，与其居于郁郁寡欢，何不将其当作"一根鞭子"，督促自己不停歇地向前看，向前走，重新找回生命的意义与价值。

故事 2 海明威的故事

1961 年 7 月 2 日,一位传奇作家、文学巨匠陨落了。他就是《老人与海》的作者美国作家海明威。海明威的离世不是正常死亡,而是他在美国爱达荷州的家中对着自己的脑袋扣下了猎枪扳机。之所以会发生这样的情况,就因为海明威是一位有着严重躁狂抑郁症的患者。

海明威在创作《老人与海》时,长年养成的酗酒陋习,让他嗜酒如命。同时,他的身体也有许多伤病,他的膝盖和额头都受过重创,他患有偏头痛、高血压、糖尿病等疾病。1953 年,海明威经历过两次飞机失事,造成身体多处严重受伤。此后,他的身体每况愈下,越来越糟糕,血压经常飙升到非常危险的高度,精神状态变得越来越差。而他身边的朋友也相继离开人世,让他的心情变得更加抑郁。

1960 年秋,海明威的精神状况进一步恶化,噩梦、失眠、妄想症都纠缠着他。海明威多次当众摆弄步枪,半开玩笑地表演自杀的情景。面对这种情况,他的妻子和医生迫不得已把他送往明尼苏达州一家著名的精神病诊所,让其接受秘密的心理治疗及电击疗法。但是,谁也没有料到,电击疗法造成了他的大脑损伤。

1961 年,这位身心饱受折磨的作家,亲手结束了自己的生命。

评论:海明威是一位"痛苦的天才"。他的创造力源于其超越一般人的智力所表现出来的疯癫,是一种奇才,也是致使他走向毁灭的根源。海明威不是在向死亡挑战,而是在向自我的无助感进行斗争。死亡可以让人们脱离问题的困扰,但并不是解决问题的根本办法。相信死亡可以解决一切问题,可以摆脱抑郁,是一种误会。人只有正视问题,才能真正超越问题。

故事 3 崔永元的故事

崔永元,曾经是全国人民非常喜欢的中央电视台著名的节目主持人,他主持的"实话实说"曾是红极一时的谈话节目。他后来主持的"小崔说事",既主持又主演的《电影传奇》等节目,都是大众喜欢的。

然而,在节目好看的背后,是崔永元艰苦的付出。好的收视率、好的口碑,让他付出了沉重的代价。

1999年，随着"实话实说"栏目的火爆，全国的电视媒体纷纷效仿这种形式，结果，傍名牌导致名牌本身受损严重，全国人民对"实话实说"节目的水平要求不断提高，崔永元使出浑身解数也不能保住收视率，让他压力倍增，感觉到前所未有的焦虑和危机。2001年，沉重的工作压力、精神压力，导致崔永元从睡眠障碍发展到严重的精神抑郁症。2002年，崔永元突然离开"实话实说"，人们才知道他得了重度抑郁症。崔永元曾在中央电视台"人物"栏目接受专访，他表示自己在得重度抑郁症时，每天都在想的事情就是自杀。

崔永元曾经为《我的抑郁症》一书作序推荐，他说："抑郁症离我很近，近得像亲兄弟，书上描绘的大部分病症我都具备了，还有即兴发挥的部分。……抑郁症是病，不是灾难，你看，我又可以主持节目了。抑郁症是可以治愈的，你看，我又被评为CCTV先进个人。抑郁症是可以反复的，你看，我最近又'炮轰××'了……"

评论： 崔永元得抑郁症是全国人民都知道的事。崔永元没有被抑郁症打倒更应该是全国人民都知道的事。

故事4　罗琳的故事

英国作家J. K. 罗琳（Rowling）因"哈利·波特"（Harry Potter）系列小说而闻名于世。"哈利·波特"系列书籍以及相关电影风靡全球，让罗琳成为拥有亿万资产的知名作家。然而，罗琳是一位单身母亲，她的生活曾经极其艰辛。

1994年，她与第一任丈夫离婚，独自一人带着年幼的女儿在爱丁堡市一间狭窄的平房中生活。当时罗琳不仅失去了婚姻，还处于失业状态中，租房的押金都是朋友帮她垫付的。走投无路的罗琳正是在那间狭窄的平房中写出了她的第一本《哈利·波特》小说。到了冬季，小屋中没有暖气，罗琳便推着婴儿车跑到附近一家咖啡馆边取暖边写作。

由于生活穷困潦倒，作为单身母亲的罗琳陷入了极度的沮丧之中，心情非常抑郁，曾经一度想要自杀。"让我放弃这一念头、决心去寻求帮助的原因，可能是我的女儿。我想我的想法是不对的。"罗琳回忆说。于是，罗琳决定接受认知行为治疗。

罗琳说："我从来没有为自己曾经抑郁沮丧而感到羞耻，从来没有。

有什么好羞耻的呢？我度过了一段真正艰难的时光，我非常骄傲我能脱离那种生活。"罗琳希望年轻人在面临生活挫折时永远都不要放弃希望。

事实上，过去的一些情感纠葛为她塑造角色提供了灵感，她谈到摄魂怪（《哈利·波特与阿兹卡班囚徒》里的黑帽生物）发现受害者的恐惧，然后吸出他们的人性的想法就是抑郁那段时间塑造出来的。

评论：罗琳的故事告诉我们，当我们的负面情绪或者说是抑郁快要压倒我们，让我们站不起来的时候，不要让它们吞噬自己，想想最初那些美好的憧憬，想想身边还有需要我们的人，想想我们可以去求助的人。在情绪低落甚至抑郁的时候，一切都会比平时更艰难，但并不是不可以解决的。无论如何，都不要自己放弃自己，即便身后空无一人。谁都会有低谷，只要我们想着希望，就不会一直沉下去，总会得到升华。振作起来，明天的太阳更灿烂。

案例故事

案例1 女大学生的案例

小蓉（化名），专升本的女生。外形甜美，长头发，大眼睛，身材修长，给人的印象活泼开朗，能言善辩。

小蓉在优越的环境中长大，父母都是生意人，家境优越，过着衣食无忧的生活。由于父母生意比较忙，需要经常东奔西走。因此，从小就把她送到乡下的外婆家抚养。上中学时，外婆病逝了，小蓉被接回城里和父母一起生活。在外婆家时，外婆心疼小蓉父母不在身边，对她非常宠爱，凡事都依着她。回到父母身边，父母由于觉得自小孩子没在身边，感到有些愧疚。所以，小蓉回到家后，父母更是百般呵护，像"小公主"一样宠着爱着。由于父母的疏于管教，小蓉学习成绩不好，初中凑合着毕了业。父母花钱找人送其进了一所重点高中学习。后来，勉强考上了一所专科学校。

刚上专科的第一年，小蓉参加了班干部和校学生会部长等竞选活动，结果都失败了。小蓉一直被宠着，从来没有受过委屈，面对如此"沉重"的打击，一向好胜的她陷入了自我否定的泥潭。在宿舍里，她对舍友冷眼以对，觉得谁都与她对着干。总怀疑别人在议论她，对每个室友都充满了敌意。长此以往，寝室的同学都不敢"惹"她，她的人际关系陷入了危机。她自己的内心也充满了孤独感，精神状态不佳，晚上常做噩梦，经常失眠。

一年多以后，小蓉谈了男朋友。有了男朋友的支持，她感觉生活又有了希望与阳光。然而，好景不长，马上毕业了。男朋友工作了，而自己专升本到了另外一所学校。

虽然分隔两地，但一直保持着恋人的关系。这样的情感生活状态持续了半年。有一天，小蓉收到男友的微信留言，内容是"小蓉，我们分手吧！不要再联系我了！"小蓉立即打电话过去，男友挂掉了。她越想越觉得委屈，她不能接受。小蓉感觉到绝望和无助，没有了男友，不知道生活下去还有什么意义。接下来的一个月，她很少出宿舍门，经常会逃课，也很少与朋友一起吃饭，晚上不睡，白天大睡。最后，小蓉有了不想活下去的想法。她去了药店，买了安眠药。回到寝室后，一口气把药吃下去，躺到了床上，睡死了过去。

评论：自杀是许多抑郁症患者的最终选择。当一个人被孤独感、自卑感、无助感等感觉包围时，感觉自己受排斥、遭拒绝、被淘汰，会认为倒霉的事情总会发生在自己身上，专门针对自己。久而久之，就会越来越绝望，越来越抑郁。每个人都会遇到不顺心的事，遇到了不可怕，需要寻找适当方式排遣自己心中的不畅。生命是美好的，不要在一个地方偏执太久，生活总是要继续下去的，只要活着，我们就会遇到更加美好的明天。

案例 2　男大学生的案例

小文（化名），新入学的大一新生，男孩，独子，戴眼镜，个子中等，不太爱说话，父母在当地县城属于有头有脸的人物。

小文的父母对他的要求比较严格，对于学习十分关注。小文也比较懂事和努力，从小学到高中都在当地的重点学校学习，基本上是在重点班级，学习成绩也一直名列前茅，尤其是在高中阶段。高一、高二，他都非常和努力，每次考试都是第一，父母感到非常骄傲。当高三的时候，父母不知道因为什么，两个人要离婚，闹了好久，虽然最后没有离成，但这件事让小文感觉很不理解。他不知道如何是好。正好这时，他的一个朋友带他到网吧，玩起了网络游戏，在游戏中，小文感觉到了一种解脱。父母闹离婚的事闹了三个月，小文就玩了三个月的游戏。然而，高考快要到了。无论如何要参考高考，于是小文又开始了学习，为了弥补三个月的学习断档，他经常熬夜学习，为了提神，他喝浓咖啡，喝浓茶。高考之后，他虽然考上了大学，但并不是最理想的名牌大学，只是一所非常一般的学校。来到学校之后，他非常痛苦，他觉得目前这个结果完全是自己造成的，是咎由自取。他整日自责，终日懊悔，不断反思，郁郁寡欢。他一走进教室，心里就慌乱，感觉坐不住，总想逃离教室。学校的辅导员带他到专科医院的心理门诊检查，结果诊断为抑郁性神经症。

评论：每个人脚下的路，都是自己选择的。但更为重要的是如何去看待脚下的路，生活中无论得失，都对我们有着不同的启发意义，尤其是失误、错误等让我们感觉不愉快，感觉沮丧、郁闷的事件。面对这些事，反思是对的，反思的目的是为了少走重复的路，少走弯路，而绝对不应该是自怨自艾！

心理学实验

实验 1 应激与抑郁

在临床工作及生活观察中发现，许多抑郁症患者往往经历过较多的或较严重的应激性生活事件。在对 2 164 对女性双生子为期 17 个月的随访研究中，肯德勒（Kendler）发现，每个月抑郁发作概率在 $0.5\% \sim 1.1\%$，而当伴有严重应激性生活事件时则为 $6.2\% \sim 14.6\%$。一般男性和女性对应激性生活事件的反应是同样敏感的，但他们的抑郁反应很大程度上依赖于应激性生活事件的种类——男性在离婚、分居和工作压力时更易导致抑郁发作，而女性在人际关系不良、亲人患重病、亲人死亡等情况下更易患抑郁症。除此之外，早年的生活事件，例如，童年时期遭遇忽视，躯体虐待或性虐待，以及早年丧失双亲等事件是成年后抑郁发作的主要风险因子。研究显示，被剥夺人际交往和安慰的儿童常表现出很孤僻，和社会人群的交往困难逐渐加重。

抑郁症动物模型实验也得到同样的结论，被强迫远离母猴的幼猴和其他同类几乎没有躯体接触，当这些幼猴长大成为母亲后，显得无法控制自己的情绪，对自己的后代要么漠不关心，要么表现为暴力和虐待。这些均提示应激性生活事件和抑郁症存在着某些因果关系。

面对同样的应激性生活事件，一些人能够很快平息它带来的情绪、行为以及应激激素反应，但另一些人却存在着对事件的长期反应，这与个体的认知心理因素有着相当密切的关系。遭遇应激时，个体首先对事件做出认知评价，然后运用心理应付方式和心理防御机制，如倾诉、解决问题、发泄、否认、逃避等，缓解过强的应激体验，努力维持正常的心理和生理功能。20世纪60年代，贝克（Beck）提出了抑郁症患者多存在认知偏差的观点；后继也有许多研究发现，面对应激性生活事件时，抑郁症患者普遍采用歪曲的认知方式，看待问题偏激消极；且多采用无益或不良的心理防御机制，如投射、否认、逃避、退缩等。这些结果表明，通过调整应付方式和防御机制，可以对抑郁症起到预防作用。

实验 2　友谊质量在亲子依恋与抑郁间的中介作用

山东师范大学心理学院的丁俊扬、王美萍考察了友谊质量在亲子依恋与抑郁间的中介作用。他们选取初中生为研究对象，对454名有效被试进行了调查分析[①]。

结果显示，母子依恋、父子依恋与抑郁均显著负相关，也就是说，父母与孩子的亲子依恋质量越高，青少年未来产生抑郁的水平越低。虽然与儿童期相比，青少年时期的个体对于父母的依赖没有那么多，但是亲子依恋依然是青少年抑郁的重要预测变量，良好的亲子依恋质量有助于减少青少年发生抑郁的问题，良好的亲子依恋关系是抑郁的保护性因素。研究结果证明，亲子依恋不仅可以直接影响抑郁，也可以通过友谊质量的中介作用间接影响抑郁。其中的原因在于：亲子依恋质量高的青少年，通常会认为父母是可以信赖的，会将父母视为亲密的朋友，所以当他们遇到问题或困难时，会主动向父母诉说，或者寻求帮助，在一定程度上降低了其抑郁的风险。在高质量的亲子依恋关系中成长起来的青少年，获得了乐观、合群、愉快的性格特征，以及符合社会规范、有利于同伴关系维护和发展的行为方式，这些都有利于青少年建立高质量的友谊关系，降低负性生活事件、逆境等对情绪的负面影响。

---

① 丁俊扬，王美萍. 青少年期亲子依恋与抑郁：友谊质量的中介作用 [J]. 中国临床心理学杂志，2015，23（2）：289-291.

团体辅导活动方案

一、整体活动安排

活动	主题	活动目标	活动内容
1	每个人都可能抑郁	帮助成员正确认识社会对抑郁症的偏见。认识到每个人都可能罹患抑郁症	1. 活动介绍 2. 抑郁症的特定诱因 3. 是焦虑还是抑郁 4. 团体契约 5. 解开千千结 6. 歌曲结束
2	走进忧郁的世界	了解抑郁症的症状	1. 抑郁大家谈 2. 肌肉放松训练 3. 想象放松 4. 认知重构训练 5. 你需要帮助吗
3	赶走你的抑郁症消极想法	了解抑郁症的主要诱因	1. 生活的难题 2.《赶走你的忧郁》 3. 童年的经历 4. 你的生活 5. 贝克的抑郁症模型
4	给自己当心理医生	了解反应性抑郁症、双向情感障碍、季节性情感障碍、临床抑郁症，打消自杀的念头	1. 模拟诊断 2. 反应性抑郁症 3. 双向情感障碍 4. 季节性情感障碍 5. 临床抑郁症
5	理解并克服抑郁症	确定问题、解决问题，了解抑郁症的维持过程，改变情绪的方法，以及心理治疗和药物治疗的选择	1. 确定问题 2. 解决问题 3. 抑郁症的维持过程 4. 情绪改变 5. 讨论分享
6	常见抑郁症的思维误区	探讨抑郁的思维误区、表现，正视自己存在的问题，通过团体互动缓解焦虑	1. 处理分离情绪 2. 告别抑郁 3. 接纳自己 4. 重拾决心 5. 勇敢行动

二、具体活动方案

活动1　每个人都可能抑郁

活动目的	活动流程
让成员对活动有所了解	1. 活动介绍 全体成员在教室中围成圈坐好，组织者对活动的内容、形式、持续时间进行简单的介绍
帮助成员正确认识社会对抑郁的偏见	2. 抑郁症的特定诱因 通过崔永元患抑郁症的事，让每位成员讲述社会对抑郁症常有的偏见，然后在教师的指导下澄清这些问题，哪些是偏见，哪些是客观认知，并列出清单，最后成员集体宣誓，接纳自我，面对抑郁，打破偏见，战胜抑郁
将成员分为若干组，通过这个活动让成员学会区分什么是焦虑，什么是抑郁	3. 是焦虑还是抑郁 事先准备好与成员人数相等的纸条用来分组，让成员每人抽取一张纸条，并在纸条上写出自身常见的负性情绪，然后按情绪类别对成员分组。最后，让成员认识焦虑与抑郁的区别，小组全部分完后，让小组成员一起为自己的小组设计组名，并共同为小组设计一个标志
为保证团体正常发挥功能，实现团体组织者与成员的尊重与配合，建立团体成员共同遵守的规范	4. 团体契约 每个小组一张A4白纸，让小组成员共同讨论班级辅导规范，并在规定的时间内（5分钟）尽可能多地写出辅导契约，最后组织者请每组代表宣读本组的规范，并强调保密、守时、尊重、接纳、不评价等基本原则。团体契约建立后请每位成员在契约上签名
通过这个活动，让成员体会团结协作解决困难的过程，感受个人在集体中的作用以及集体对于个人的意义和重要性	5. 解开千千结 将成员分为8~10人一组，组织者让每组成员手拉手围成一圈，看清楚自己的左手和右手分别是谁，确认后松手，在自己的圈内自由走动，组织者喊停时，成员停住，相对位置不动，左右手分别拉住开始时分别拉住的那个成员的手，从而形成许多结或扣。成员不能松手，但可以钻、跨、绕，要求成员设法解决难题，恢复到初始状态。如果有的小组做得比较快，可以再做一次
通过合唱表达忧伤、表达爱，建立团体安全感	6. 歌曲结束 合唱手语歌曲《我更懂你》（徐千雅），成员握手、拥抱，集体告别

活动2 走出忧郁

活动目的	活动流程
分享感受，产生共鸣	1. 抑郁大家谈 对小组成员进行情绪问卷访谈，整理访谈资料 结合面试时成员所反映的自身问题，找有代表性的访谈内容与成员共享
在肢体上体会紧张与放松，学会简单的放松方法	2. 肌肉放松训练 将座位调整好，以防成员间相互磕碰 按如下程序进行渐进式肌肉放松 第一步，缓慢地做三次深呼吸 第二步，左手紧握拳，注意有什么感觉……现在放松…… 第三步，再次握紧你的左手，体会一下你感觉到的紧张状况……再来一次，然后放松并想象紧张从手指上消失…… 第四步，右手紧握拳，注意你的手指，手和前臂的紧张状况……好，现在放松…… 第五步，再一次握紧右拳……再来一次……请放松…… 第六步，左手握拳，左手臂弯曲使肱二头肌拉紧，坚持着……好，全部放松，感觉暖流沿二头肌流经前臂，流出手指…… 第七步，右手握紧拳头，右手臂弯使肱二头肌拉紧，坚持着，感觉紧张状态……好，放松，集中注意感觉暖流流过你的手臂…… 第八步，握紧双拳，双臂弯曲，使双臂全部处于紧张状态，保持这个姿势，想一下感觉到的紧张　好，放松，感觉整个暖流流过肌肉。所有的紧张流出手指……
进一步放松心情，体会想象放松的感觉	3. 想象放松 请小组成员根据指示语在头脑中想象如下场景： 现在，我静静地躺在湖边的草地上，周围没有其他人，清风轻轻地吹着，渐渐聆听到风吹过草地和耳旁，感受到了阳光照射的温暖，触到了湖边柔软的草儿，全身感到无比的舒适，微风带来清新的味道，湖面上的水静悄悄地涌过来，时不时有鱼儿嬉水溅出的水花声，我静静地、静静地听着（这令人神往的梦里水乡）……我坐上了小船，在平静的水面上慢慢荡漾，小船轻轻地摇，有节奏地向我梦想中最美丽的地方摇去，我的呼吸渐渐慢而深，和着小船的节奏，在这个美丽的世界里，我尽情地享受着 天上的白云倒影在镜子一样的水面上，不知哪是水面，哪是天空。几只飞来的鸟儿在水面掠过，翅膀几乎触到水面，一会儿它们又飞向蓝天，尽情地玩弄它们的飞行技巧，非常轻巧，潇洒自如，正如我一度有过的进入最佳状态时的表现，一切变得那么投入，一切在我的控制之中，我的学习状态越来越好，越来越好……

续表

活动目的	活动流程
帮助成员了解自己在学习方面存在的非理性信念，寻找替代性的合理认知方式	4. 认知重构训练 介绍"艾丽斯非理性信念"，可制成PPT。然后请大家思考自己在学习生活中存在的非理性信念，选择对自己影响最大的一条信念记录下来，并举例说明，在团体内分享。一位成员描述后，由其他成员针对所述内容提出认知重构的建议，全体讨论40分钟。最后用15分钟大组分享感受，讨论在现实中如何应用
帮助成员澄清症状对自己的困扰及寻求社会的支持	5. 你需要帮助吗 依据抑郁症评定标准进行探讨，如果症状多于五个，并且这些症状已经持续一段时间（两三个星期以上），那么有必要找医生进行专业诊断与治疗 讨论如何寻找心理医生，包含费用保险、家庭经济等支持

活动3 赶走你的抑郁想法

活动目的	活动流程
引出主题	1. 生活的难题 每个成员以"我的难题"为题，做一个即兴演讲（时间2~3分钟） 看到别人的风采，回看一下自己的最大优点，用一种颜色代表，然后分组分享
了解抑郁情绪及抑郁症对个人、家庭和社会的影响，如何在抑郁中发现自己，并促进成长	2. 观看《赶走你的忧郁》（选集） 用40分钟观看剧情，然后进行角色扮演，假如我是剧中主人公×××，你该如何面对生活难题。然后讨论抑郁症的表现、症状及对生活的影响
了解抑郁症的诱因：童年经历	3. 童年的经历 每人一张彩色纸，每人一个信封，笔若干。用绘画或写信的方式将自己童年悲伤的经历描述出来，然后大家分享。讨论如何面对童年痛苦的经历

续表

活动目的	活动流程
接受帮助和鼓励，树立信心	4. 你的生活 回忆一下，在你的童年或过去的经历中，是否有一些问题导致你在当前的生活中比较敏感和容易受伤
帮助学生了解抑郁症模型	5. 贝克的抑郁症模型 教师介绍贝克的抑郁症模型，并带领学生分析经历的事件，小组内分享讨论 （1）早年经验使一些人形成了诸如"没人喜欢我""我没有用"等不合理的功能失调性假设和不合理的核心信念 （2）成年后，某个"诱发事件"，激起潜在的不合理的功能失调性假设和不合理的核心信念 （3）这些不合理的功能失调性假设反过来又形成了大量的负性思维，这些负性思维充斥你的脑海，因此你变得心事重重，会有诸如"我很孤独""我的生活没有意义""没人关心我""我不想看到任何人""我不可爱"等想法 （4）你会经历：歪曲的思维过程，抑郁症的情绪症状和身体症状

活动4 给自己当心理医生

活动目的	活动流程
了解抑郁症的几种类型	1. 模拟诊断 小组成员在治疗师的组织下进行临床会诊，然后谈论是否属于抑郁症，属于哪种抑郁症，并进行分类，最后由指导教师总结
了解反应性抑郁症	2. 反应性抑郁症 许多抑郁症都是由一种过去没有解决的生活事件所诱发的，这些事件包括童年遭受的虐待、性暴力，成年后的创伤（被强奸、遭到攻击）等。此外，经历过战争的退役军人、事故的幸存者、遭遇过灾难和车祸的人，也容易患反应性抑郁症。反应性抑郁症只要能够尽快就诊，不会发展成为长期的临床抑郁症 小组成员回忆自己的生活经历，并分享，看是否属于反应性抑郁症。探讨治愈的途径

续表

活动目的	活动流程
了解双向情感障碍	3. 双向情感障碍 这种情感障碍以情绪的摇摆为主。它经历两个阶段：一是狂躁阶段的情绪高涨；二是突然进入抑郁阶段，情绪变得低落。患者会发现自己突然"功能性"地情绪高涨，又瞬间变得情绪低落、疲惫。双向情感障碍会因为生理上的失衡产生，也有的通过遗传获得 小组成员回忆自己的生活经历，并分享，看是否属于双向抑郁症，探讨治愈的途径
了解季节性情感障碍	4. 季节性情感障碍 季节性情感障碍的表现，成员讨论是否有该症状表现
了解临床抑郁症	5. 临床抑郁症 临床抑郁症是一种持续时间长，且根深蒂固的抑郁症。之所以称之为"临床"，是因为医生根据一份已确定的症状列表来确定抑郁症的种类及严重程度 请成员分享自己的就诊过程及医生诊断，了解是否确诊为临床抑郁症，并讨论治疗及康复措施

活动 5　理解并克服抑郁

活动目的	活动流程
了解抑郁的常见诱因	1. 确定问题 尝试有意识地注意自己抑郁情绪的主要来源，在下面的列表中找出三个对自己而言最常见的诱因 社会关系，工作或事业，被解雇，性生活，孩子（不管有没有孩子），身体健康状况，资金问题，住房，大环境，教育和前途，大家庭，未来 如果最近的抑郁症发作过，那么请继续回答下列问题：你以前这样过吗？ 如果曾经有过，当时你是怎么处理的？ 为解决这个问题，你向谁寻求过帮助？ 你是否与某人说过这件事？你还会再这样做吗？ 设想一下，你的好朋友，你的妈妈，会建议你怎样应对它？ 小组成员讨论，看是否现在就能找到适合自己的解决方案，帮助自己把生活向前推进，让自己远离孤独感，试着与某人进行交谈，向朋友、亲人需求帮助，做些实际的事情让自己变得更好，这些都是有用的

续表

活动目的	活动流程
探索问题解决之道	2. 解决问题 抑郁情绪往往伴随着绝望、无助的感觉，因此，彻底解决这种绝望、无助感是非常重要的。尝试建设性地发现至少三个解决问题的方法，这些问题可以是金钱问题、照顾孩子的问题，或者是搬家、找工作等。不管是什么问题，一旦你能把事情分成小块，并且一步一步地去处理，就会感觉很好，因为此时你会觉得一切都在掌控之中 下面所列的条目是人们在情绪低落时很容易产生的一些想法，会让人们觉得自己"很没有用、可有可无"，而把你拖进非常困境的境地 　　没有钱、没有遗产、没有存款； 　　没有孩子； 　　没有小汽车； 　　不漂亮； 　　有缺陷； 　　不出名、不聪明 取而代之，你应把精神集中在"你是什么样的人"和"你能做什么事情"上。想想自己所具有的优秀品质，自己能够完成的事情和喜欢你的人，把这些列成表格，放在你的冰箱上，或记在你的日记里
了解抑郁症的维持过程	3. 抑郁症的维持过程 小组活动：在领队指导下学习贝克的抑郁过程理论，讨论如何改变自己的抑郁情绪，过上更好的生活，如何摆脱抑郁的维持过程
学会如何改变情绪	4. 情绪改变 讨论：怎样改变情绪？小组内分享，并总结方法 保持记录的习惯并定期查看，现场练习 (1) 分解步骤，把解决方案细化，给自己定一个完成的期限 (2) 实施解决方案 (3) 监控自己在行动时的感觉 (4) 完成时进行庆祝 (5) 记住自己任务完成了，虽然当时可能感觉不太好 (6) 在自己的日记本、记事本或电脑上记下自己成功地完成了这件事（甚至可以打电话告诉朋友），在下次行动时，你便可以提醒自己，我以前做过什么事，并且成功了
明确心理治疗还是药物治疗	5. 讨论分享 在组织者的指导下，讨论如何寻找心理治疗和精神药物治疗途径，并讨论二者治疗的选择与意义；最后做出治疗决定与实施行动

活动 6　常见抑郁症的思维误区

活动目的	活动流程
处理成员分离性情绪	1. 处理分离情绪 将成员分成若干小组，每组成员手牵手围成一个圈。合唱《光阴的故事》《张三的歌》等歌曲，体会分离的情绪 给每位成员发一张"常见抑郁情绪反应"问卷，请大家认真思考，再根据自己的情况填写问卷
告别抑郁事件与情绪	2. 告别抑郁 请每位成员回忆对自己影响最深刻的抑郁事件，分享对它的新认识、情绪感受以及应对方式，与过去有什么不同，与此事件做一个告别
帮助成员接纳自己	3. 接纳自己 组织者带领大家一起撰写"你可以_____"的句子，帮助成员学会接纳自己，树立信心，更加有信心去应对问题
帮助成员强化重新开始的决心	4. 重拾决心 小组一起制订"战胜抑郁症计划"，尝试给自己一些轻松的时间做到以下几点： （1）制定现实的目标 （2）友好地对待自己 （3）从小事起步 （4）每天坚持练习，哪怕仅仅是散散步 （5）坚持记录你的想法 （6）一次行动一小步
设置行动计划的方式，帮助成员重新开始	5. 勇敢行动 从下周起开始填写行动记录表，记下自己思维和感觉的每个转变，并记录自己高涨的情绪。根据自己的记录表找到一个适合自己的治疗方法

行动指南

理念指南

1. 抑郁情绪是正常的情绪之一。
2. 接纳抑郁情绪本身就是治愈的开始。

3. 抑郁情绪也有其积极的作用。
4. 学会从不同的视角看待抑郁。
5. 有一份好奇心，培养广泛的兴趣。
6. 相信自己有能力解决问题。
7. 学会相信他人。
8. 相信美好会在痛苦之后出现。
9. 不要把郁闷长期堆积在心里。
10. 要因人因事的不同而采取不同的态度。

行为建议

1. 与精力旺盛又充满希望的人交朋友。
2. 不做孤独者，把自己置于群体交往之中。
3. 把过去的事件交给昨天，不要为过去的事而后悔悲伤。
4. 经常参加集体活动，从丰富多彩的集体活动中寻求温暖。
5. 保持充足的睡觉时间。
6. 合理安排饮食，吃也可以排遣抑郁。
7. 坚持正常规律化的生活。
8. 寻找能和自己推心置腹的人谈心。
9. 加强身体锻炼，提高生理水平以提升心理的活跃性。
10. 努力拓展自己的兴趣领域。
11. 不要拿自己的生活与别人的生活做比较。
12. 要学会把你的感受说出来。
13. 记录自己生活中的美好时光，建立幸福账簿。
14. 记录自己生活中的成功时光，建立功劳簿。
15. 学习一些放松的技巧。

重点推荐

推荐读物

1. 《当下的力量》

（德）埃克哈特·托利著，曹植译，中信出版社，2013年版。

推荐理由：《当下的力量》堪称一本经典的心灵读物，此书在《纽约时报》畅销书排行榜中名列第一，存有多个版本，已被翻译成30多种文字，畅销全球200多万册，是一本当之无愧的具有影响力的心灵之书。

我们每个人都受到自己大脑思维的控制，对于生活、生命等世间之物，都存在着不同程度的焦虑感，这种焦虑感会导致郁闷、抑郁情绪的漫延，会让我们看不懂自己，看不清楚生活。在时间面前，这一切都是那么的虚无，面对无限的时间，我们似乎无能为力，除了郁闷。其实，过去、未来，我们都不曾拥有，过去和未来只是一个无意义的时间概念，我们拥有的只有当下，所有的一切都是在当下发生的。当我们寻找到当下的力量时，就找到了获得平和与宁静的力量，摆脱抑郁，拥有真正的欢乐，看见真正的自己。

2.《我的抑郁症》

（美）伊丽莎白·斯瓦多著，王安忆译，南海出版公司，2017年版。

推荐理由：《我的抑郁症》的作者是一位女性，是一位作家、编剧、导演。她的成就非凡，三度获得奥比奖，五度获得托尼奖，并获美国国家基金会艺术终生成就奖。然而就是这样一位有着卓越不凡成就的伟大女性，却是一位抑郁症患者。本书是她依据自身的经历写出来的，是一本笑中有泪，辛酸却别具风味的一位抑郁症患者的自述，赢得了万千读者的喜爱，被公认为是"一部让人摆脱抑郁的作品"。相信读完此书，你会拥有更为强大的个人力量，会坚信每个人都可以依靠自己的力量走出抑郁。

3.《抑郁症的非药物疗法》

（美）詹姆斯·戈登著，王鹏飞译，重庆大学出版社，2016年版。

推荐理由：此书的作者是一位精神病学家，教授，是世界知名的以心身互动医学（Mind-body Medicine）治疗抑郁症、焦虑和精神创伤的专家。对于普通人来说，一谈到抑郁症，大家都会"谈虎色变"，都认为得了抑郁症的人就是精神不正常。其实，大多数情况下，许多人都没有达到"症"的状态，只是持续地保持着抑郁的情绪状态，如果不及时干预、调节，的确容易走不出来。心身互动医学强调的是心灵之间的交互作用，特别是情感、心理、社会和精神因素可以直接影响健康。本书描述了走出抑郁的七站式旅程，以及我们对自身生活加以控制，从而发现希望和快乐的步骤，是一本简单、实用的抑郁症治疗指南。书中的内容可以帮助每位受抑郁症困扰的人。

4.《走出抑郁》

（英）吉尔伯特著，宫宇轩，施承孙译，中国轻工业出版社，2000

年版。

推荐理由：本书从三个方面指导人们走出抑郁，分别是认清自身的抑郁状况；了解抑郁的成因及表现形式；为全面挑战抑郁，树立良好信心。认知疗法是调整人的认知方式的一种心理疗法，是心理咨询中非常重要的一大流派。此书以此疗法为理论指导，为广大读者呈现出直接、有效地克服抑郁的技术。阅读之后可以依据个人的心理状况，设计符合自身的克服抑郁的自助方法。通过每天坚持实施科学步骤，慢慢地改变消极的思维模式，从抑郁的漩涡中摆脱出来，进而塑造出完美的心理品质，使生命重新焕发活力，再现人生光彩。

5. 《我战胜了抑郁症》

（澳）格雷姆·考恩著，凌春秀译，人民邮电出版社，2015年版。

推荐理由：此书的作者是《心理健康中心》和《今日心理学》的专栏作家、精神健康倡导者，同时，他也有过严重的抑郁症状。为了搞清楚人们是如何抵抗抑郁症的，他写下了这本书。书中收录了许多名人的故事，包括英国前首相布莱尔的首席顾问坎贝尔、美国前众议员肯尼迪、电视脱口秀主持人戈达德、谷歌公共政策主管布尔斯汀以及他本人等九位国际知名的公众人物走出抑郁症的真实故事。这些故事充满了希望和治愈抑郁的能量，不仅能够帮助读者客观正确地认识抑郁症，还能够为大家提供适合的方法，帮助大家迅速地从抑郁中恢复正常，完成生命的重建。

6. 《抑郁症——写给患者及家人的指导书》

（美）科尔曼著，雷田译，重庆大学出版社，2013年版。

推荐理由：此书的作者是美国职业心理学委员会教授，书的内容多是围绕抑郁症是什么，如何治疗，如何监督效果，如何管理症状，如何寻找帮助与支持等内容展开的。虽然内容相对专业，但也不是特别深奥。如果想了解一些抑郁症的基本知识，可以阅读本书。

7. 《抑郁症：走出心灵的黑暗》

（德）达尔克著，屈美娟，李婧译，山西经济出版社，2014年版。

推荐理由：此书的作者是超级畅销书作家、心理治疗医师、医学博士，是心身互动医学（Mind-body Medicine）领域的权威。在书中，作者呈现了多位与抑郁症做斗争的作家、艺术家的经历，运用科学多样的方法帮助人们认识抑郁症，扭转了人类对抑郁症的定向思维。书中传授了一系列辨识和治疗抑郁症的行之有效的方法。本书的案例丰富，有吸引力，为辩证地看待抑郁症提供了实用性方法。

8.《和抑郁的自己聊聊吧》

(日)仓成央著,陈凯译,浙江大学出版社,2013年版。

推荐理由: 此书的作者是日本人,也许东方人的视角能够更好地理解抑郁。每个人在生活中都会遇到或多或少的烦心事,因此而变得沮丧,变得焦虑,感觉疲惫,感觉被挫折笼罩,躲也躲不掉。这些负面的情绪不断地积累便有可能发展成为抑郁症。本书谈到了抑郁症的成因,抑郁症与性格的关系,抑郁症人士的身体、情绪、思维等,还为读者提供了改善、预防抑郁的方法,即语言暗示、宣泄心情和注意身体语言。情绪能够影响人的思维与言语,反之,语言也能够影响情绪。当说话方式变了,心情也会随之改变。当积极乐观的表达方式完全占据我们的生活,成为我们的行为习惯,我们的生活就会悄然发生变化,抑郁也就不会找上门来了。

9.《我有一只叫抑郁症的黑狗》

马修·约翰斯通,安斯利·约翰斯通著,康太一译,广西科学技术出版社,2017年版。

推荐理由: 这本书被许多人、许多平台推荐。因为从没有一本讲抑郁症的书像这本书这样温暖,也从来没有一本书能让人这么快读懂抑郁症。本书动画版为世界卫生组织官方推荐宣传片。书中抑郁症患者及其陪伴者的独白,旨在为大众提供帮助和指导,让更多人了解抑郁症,帮助抑郁症患者康复。通过阅读此书,让每个人都懂得,抑郁,并不可怕,永远不要放弃抗争,黑狗一定会被打败的。

推荐电影

1.《丈夫得了抑郁症》(ツレがうつになりまして)

2011年,日本,导演:佐佐部清,主演:宫崎葵、余贵美子等。

推荐理由: 梦想成为漫画家的晴子和丈夫干男以及宠物蜥蜴在一起生活。丈夫干男是一位工作认真的普通上班族。然而有一天,干男拿着刀走到妻子晴子面前,说自己不想活了。经医院检查之后,干男才发现自己患上了抑郁症。晴子觉得自己疏忽了丈夫,缺少对他的关心。于是,她以离婚威胁丈夫辞职,为支撑家里的开支,主动去编辑部请求接漫画的工作。后来丈夫的病情逐渐好转,而与抑郁症抗争的一年里,夫妻俩度过了前所未有的艰辛时光,同时也得到了宝贵的收获。

电影以真挚动人的夫妻之爱抗衡抑郁症的阴霾,夫妻之间通过相互陪伴扶持,共同战胜困难。通过电影,我们可以了解抑郁症的由来和病症，可以看到治愈抑郁症的最好良药就是：多给抑郁症患者支持和关爱。

2. 《情归新泽西》（Garden State）

2004年，美国，导演：扎克·布拉夫，主演：扎克·布拉夫、娜塔莉·波特曼等。

推荐理由：扎克·布拉夫饰演一位26岁的青年安德鲁。安德鲁独自在洛杉矶打拼9年，志愿成为一名演员。然而，他一直默默无闻，平常依靠在餐馆打工维持生活。在一通电话之后，安德鲁回到阔别已久的新泽西老家。多年来，他与家人绝少联系，感情淡漠，常年服用抗抑郁药物，又使他对身边的一切都漠不关心。即便瘫痪多年的母亲意外去世，也未能改变现状。在家乡，他重新见到身为精神科医生的父亲。在父亲的建议下，安德鲁前往医院诊疗困扰自己多时的头痛病，却因此而结识了萨曼，一位美丽而又有点神经质的女孩。自此，如死水般绝望的生活发生了转变……

人的一生，总是在不断地失去，不断地抛弃原来属于自己的东西，在这样的失去与抛弃中不断成长，每个人渐渐懂得，有些东西是我们不要的，有些东西是我们要不了的。生命是一个过程，要学会对生活充满爱，要学会享受生活。

3. 《关于一个男孩》（About a Boy）

2002年，英国，导演：克里斯·韦兹、保罗·韦兹，主演：休·格兰特、尼古拉斯·霍尔特、托妮·科莱特等。

推荐理由：休·格兰特饰演的威尔是伦敦的一位有钱人。他继承了父亲的遗产，终日吃喝玩乐，游走于情场。然而，表面风光无限的他，内心却空虚和孤独。为了能够认识更多的女人，他想到了单亲家长会。那里有众多的单亲妈妈，他必然能游刃有余。因此，他假扮成单亲爸爸，加入了单亲家长会。

马克斯的母亲是家长会里的成员，她每天早晨醒来都会沮丧、落泪，都有着想自杀的念头。马克斯由于家庭不幸，再加上常常受人欺负，身处劣境的他寄希望于威尔，把威尔当作可依赖的对象，经常去威尔家，和威尔坐在一起默默地看电视。慢慢地，两颗孤独的心开始相互依靠，威尔和马克斯的友谊渐渐升温。

影片告诉我们，我们都不是孤岛（No man is an island）！我们不需要被抑郁困住，成为一座孤独之岛。我们需要用一颗炽热的心去寻找属于自己的光明。

4.《两天一夜》(Deux jours, une nuit)

2014年,比利时,导演:让—皮埃尔·达内、吕克·达内,主演:玛丽昂·歌迪亚、法布里齐奥·隆吉奥内、奥利维埃·古尔梅等。

推荐理由:女主角桑德拉不仅是一位刚走出抑郁症的女工,还是两个孩子的妈妈。然而,她却面临着工厂的裁员,即将失业。为了保住工作,她要在一个周末的时间,去说服同事工友们为她重新投票。这期间困难重重。桑德拉明显患有抑郁症的倾向,还曾经自杀过一次。在两天一夜的时间里,她一直在尝试反抗。其间,她的家人朋友一直支持着她。她找到了生活方向。即便失去了工作,依然保持了生活的希望。

影片中女主角的经历在现实生活中会发生在许多人身上。打破这一困境的,不仅是个人强大的力量,更是依靠身边的家人朋友的支持与帮助。现实是残忍的,不应该随波逐流,要学会改变心态,找到方向,坚持下去。

5.《心灵点滴》(Patch Adams)

1998年,美国,导演:汤姆·沙迪亚克,主演:罗宾·威廉斯、莫妮卡·波特、菲利普·西摩尔·霍夫曼等。

推荐理由:这部电影不是特别出名,但是确实打动人心。电影也是基于真人真事做的改编。电影的男主角由罗宾·威廉斯(Robin Williams)出演,他是电影《死亡诗社》里那位与众不同的教师的扮演者。在这部电影中,他扮演一位特立独行的医生。他把医生和教师两个职业的角色演绎得淋漓尽致。电影讲了一位曾患抑郁症三次入院的男主角亚当在精神病医院住院时,帮助了许多精神病人解决了许多问题,并从中获得了快乐的故事。这些举动使得他重新认知生命,希望帮助更多的人获得快乐。后来,他从精神病院出来考入医学院,开始学医。接下来,亚当克服重重阻碍,成为小丑医生,为病人输入"心灵点滴"的故事。电影没有太大的起伏波澜,但我们仍然会被这个故事打动,跟随着影片一起微笑、一起感动、一起流泪。

附录:抑郁自评量表

抑郁自评量表
(Self-Rating Depresion Seale)

抑郁自评量表共有20个题目。请仔细阅读每个题目,然后根据最近一星期以内自己的实际感受,选择一个与你的情况最相符合的答案,在分数栏 1~4 分适当的分数下画 "√"。请不要有所顾忌，应该根据自己的真实体验和实际情况回答，不要花费太多的时间去思考，根据第一印象做出判断。

	很少	有时	大部分时间	绝大多数时间
1. 我觉得闷闷不乐，情绪低沉	1	2	3	4
2. 我觉得一天之中早晨最好	4	3	2	1
3. 我一阵阵哭出来或觉得想哭	1	2	3	4
4. 我晚上睡眠不好	1	2	3	4
5. 我吃得跟平常一样多	4	3	2	1
6. 我与异性密切接触时和以往一样感到愉快	4	3	2	1
7. 我发觉我的体重在下降	1	2	3	4
8. 我有便秘的苦恼	1	2	3	4
9. 我心跳比平时快	1	2	3	4
10. 我无缘无故地感到疲乏	1	2	3	4
11. 我的头脑跟平常一样清楚	4	3	2	1
12. 我觉得经常做的事情并没有困难	4	3	2	1
13. 我觉得不安而平静不下来	1	2	3	4
14. 我对将来抱有希望	4	3	2	1
15. 我比平常容易生气激动	1	2	3	4
16. 我觉得做出决定是容易的	4	3	2	1
17. 我觉得自己是个有用的人，有人需要我	4	3	2	1
18. 我的生活过得很有意思	4	3	2	1
19. 我认为我死了别人会生活得好些	1	2	3	4
20. 平常感兴趣的事，我仍然照样感兴趣	4	3	2	1

说明与解释：

原始总分为将 20 个项目的各个得分相加。标准分为原始总分乘以 1.25，四舍五入取整数，标准分分数越高，表示抑郁症状越严重。一般来说，标准分低于 50 分者为正常；标准分大于等于 50 分且小于 60 分为轻微至轻度抑郁；标准分大于等于 60 分且小于 70 分为中至重度抑郁；标准分大于等于 70 分为重度抑郁。

第二章　压力情绪的团体辅导

导语

压力，是现代社会人们普遍的心理和情绪上的体验。现今的生活中压力无处不在，常常搅扰我们的心神。人生不如意十之八九，没有谁的人生是一帆风顺的，总会面对各种不如意，面对这些不如意时，人们常会焦虑不安，内心感受到巨大的压力。

压力是我们在日常生活中的各种刺激事件和不利因素，使人在心理上产生的困惑或威胁，是个体在生活适应过程中的一种身心紧张状态，源于环境要求与自身应对能力不平衡，这种紧张状态倾向于通过非特异的心理和生理反应表现出来，在心理学和医学上主要表现为身心的紧张、不适感、焦虑和抑郁等。

对于个体而言，如果压力小，容易使我们安于现状，从而阻碍了我们前进的脚步。保持适度压力有利于我们振作精神，更好应对学习生活中的各种挑战，使生命更具有活力，生活更具有动力，利于我们体会到生命存在的意义和人生的乐趣。但是，压力一旦超过一定的限度，长期感觉压力大，会适得其反，压力会对我们造成一系列的危害。

心理压力感主要是指个体面对日常生活中的各种生活事件、突然的创伤性体验、慢性紧张（工作压力、家庭关系紧张）等压力源时所产生的心理紧张状态[①]

当下的社会是一个高速发展、迅速变化、不断更新的时代，社会的发展、家庭的期望、自身的要求等因素，让当代大学生承载着不同程度的巨大心理压力。学业问题、社交问题、生活问题、家庭经济状况、就业择业等因素都是大学生压力的来源。曾有学者针对中

---

① 张林，车文博，黎兵. 大学生心理压力感量表编制理论及其信、效度研究 [J]. 心理学探新，2003，23（4）：47-51.

国 13 所大学本科生的心理压力现状流行病学调查[1],结果显示,被调查大学生有中等程度心理压力的占 49.3%。其中,程度较重的临界人群占被调查者的 8.4%,大一新生和即将毕业的学生压力体验更为突出。其中自我发展与择业压力、学习压力、社交压力和生活压力是压力的主要外部来源。在压力的表现上,1/3 的被调查学生表现为强迫症状,其次为人际关系问题,偏执、敌对、抑郁和焦虑等表现者均超过两成。

在我国,每年自杀人数接近 30 万人,占全球自杀死亡总人数的 1/3。然而更令人担忧的是,年龄阶段和临床样本的流行病调查显示,自杀是全球 10~14 岁人群的第四大死因,是 15~24 岁人群的第三大死因[2],而在中国 15~34 岁的人群中,自杀是第一大死因[3]。研究报告指出,中国 2010 年 15~34 岁年龄组经过调整漏报后的自杀死亡率为 5.23(男 5.16、女 5.30)[4]。中国大学生年龄多数处在 18~22 岁。众多研究一致认为,负性生活事件是自杀意念形成中一个重要的因素,绝大部分自杀者的行为都与其所经历的生活压力事件相关。家庭成员关系不好、家庭破裂、学习压力大以及与同学关系不和谐是大学生自杀行为的重要因素[5]。因此,大学生的自杀问题值得关注,尤其是由压力引发的自杀问题。有研究指出,在大学生自杀的原因之中,就业压力占比 20.5%,学习压力占比 28.2%[6]。

我们不得不对压力产生高度重视。在日常生活中,压力所产生的危害主要包括:生理、情绪、认知、行为 4 个方面。生理上,压力过大会导致多种躯体疾病,患心血管疾病的风险升高;情绪上,长期在高强度压力

---

[1] 张林,车文博,黎兵等.中国13所大学本科生心理压力现状的流行病学调查[J].中华流行病学杂志,2006,27(5):387-391.

[2] Bebbington P E, Dunn G , Jenkins R. The influence of age and sex on the prevalence of depressive conditions: report from the National Survey of Psychiatric Morbidity [J]. Psychological Medicine, 1998 (28):9-19.

[3] 潘令仪,王祖承.自杀的国内研究概况[J].中国行为医学科学,2005(7):669-670.

[4] 蔡玥,等.中国人群2010年自杀死亡现状分析[J].中国预防医学杂志,2012(6):480-482.

[5] 尚玉秀,董桂清,刘婷.银川市大学生自杀意念及抑郁影响因素分析[J].中国公共卫生,2008,24(8):934-936.

[6] 吴才智,等.抑郁、绝望对自杀意念的影响:心理痛苦的中介作用[J].中国临床心理学杂志,2015(6):1040-1043,1002.

下，容易情绪暴躁；认知上，压力过大容易导致记忆力下降，注意力不集中，思维迟缓等问题，长期压力过大导致倾向于自我否定，认为自己不行，或者潜意识认为自己无能，产生无助感；行为上，长期压力过大的人容易对人冷漠，与别人发生冲突，甚至封闭自己，在情绪的控制下，也容易出现自残、自杀等冲动性行为。

现代社会讲究高效率，高效率伴随着高竞争性和高挑战性，往往因此而产生许多负面影响。我们对这些问题要有足够的心理准备，免得临时惊慌失措，加重压力。面对生活中的压力，要保持平常心、乐观豁达，不为逆境心事重重。面对生活中的压力，我们需要掌握一些舒缓压力的方法，适当放松自己，合理利用压力。团体辅导是在团体情境下进行的一种心理咨询形式，是通过团体内人际交互作用，促进个体在交往中通过观察、学习、体验、认识自我、探讨自我、接纳自我、认识他人、调整和改善与他人的关系、学习新的态度与行为方式，以发展良好的适应能力的一种助人过程。通过专业的团体辅导，大学生可以在其中倾诉自己的压力、倾听他人的压力，从而使自身压力得以宣泄，进一步了解自己。

谈压力

外在压力增加时，就应增强内在的动力。

（美）罗斯福

一个人若能为别人的生命与人道的法则着想，纵使他正在为自己的生命挣扎，并处于极大的压力之下，也不会全无回报的。

（英）丘吉尔

在经常监督的压力之下成长的人们，不能希望他们多才多艺，不能希望他们有创造的能力，不能希望有果敢的精神，不能希望有自信的行为。

（德）赫尔巴特

人的天性虽然是隐而不露的，但却很难被压抑，更很少能完全根绝。即使勉强施压，只会使它在压力消除后更加猛烈。只有长期养成的习惯才能多少改变人的天生气质和性格。

（英）培根

科学尊重事实，服从真理，而不会屈服于任何压力。

（中）童第周

我认为挫折、磨难是锻炼意志、增强能力的好机会。

（中）邹韬奋

困难是欺软怕硬的。你越畏惧它，它越威吓你。你越不将它放在眼里，它越对你表示恭顺。

（中）宣永光

患难困苦，是磨炼人格之最高学校。

（中）梁启超

人们最出色的工作往往在处于逆境的情况下做出。思想上的压力，甚至肉体上的痛苦都可能成为精神上的兴奋剂。

（英）贝弗里奇

创业前，很多困难你都不会把它认为是困难，当它突然成为你的困难时，很多人会承受不了压力，就放弃了，这样的人一定不能成功。

（中）史玉柱

对抗压力最强大的武器，是我们选择想法的能力。

（美）威廉·詹姆斯

名人故事

故事1 凯文·卡特的故事

凯文·卡特（Kevin Carter）是一名摄影师，曾经拍过一幅名叫《饥饿的苏丹》的作品，又名《欺凌的苏丹》。

苏丹是位于非洲东北部的一个贫瘠国度，这里自然环境恶劣，干旱而炎热；国度中充满了饥荒、贫穷、叛乱、战争。凯文·卡特在这里拍摄了大量的大饥荒下的受害者：瘦骨嶙峋的儿童，蜷缩哭泣的老人。

有一次，凯文·卡特见到一个无比瘦弱、身上一丝不挂的小女孩，她正朝着一公里外的食品发放中心爬行。由于饥饿难耐，没有气力，她无法支撑起身体的重量，走不动了，蜷缩着身体，脑袋低垂到了地上，趴在原地，一动不动。她的身后是一只硕大的秃鹫（以动物尸体为食），等待着小女孩死亡，等待着她变成自己口中的美味。卡特随即拿起相机，调整了拍摄角度，把这一情景拍摄下来，将这一幕定格在了世人眼前。后来，这张照片登了在美国的《纽约时报》上。卡特的这张照片被作为非洲苦难的圣像。14个月后，卡特因为这张照片而获得了被称为"新闻界的诺贝尔奖"的普利策奖。这位来自南非的摄影师在领奖台上落了泪。他在写给远在约翰内斯堡的父母的信中说道："我发誓这是我得到的最热烈的掌声。我等不及要把奖杯带回去给你们看。这是最宝贵的东西了，也是我的工作能得到的最高认可。"但这一切都没有机会发生了。因为，他的照片引来许多争议、无止境地批评。人们批评他只顾拍摄照片，而没有在第一时间选择救助那个女孩。

1994年7月27日，凯文·卡特在经历长期的精神痛苦之后，选择了自杀。他将浇水软管轻轻地插到了汽车排气管上，用胶带缠住，然后把软管的另一头伸进了后排车窗。他坐进了汽车，启动了引擎，让一氧化碳的毒气在车里弥散。就这样，卡特用一氧化碳自杀身亡。人们在车里找到一张纸条，上面写着："真的，真的对不起大家，生活的痛苦远远超过了欢乐的程度。"

评论：卡特无疑是一名优秀的摄影师，他尽职地做好自己的分内工作。然而，令人遗憾的是他没有顶住压力。因为不堪舆论的压力，选择提前结束了自己的生命。虽然有争议，但是他应该关注照片的影响力，这幅作品引起了大家关注苏丹、关注苏丹的贫困。每个人在生活中都会遇到各种压力，我们到底要关注压力的哪一方面？如何去正视这些压力？如何不被压力所击倒，是需要我们思考的内容。战胜压力，我们就能够看到更加优秀的自己；战胜压力，我们就能够迎接更美好的明天。

故事2 项羽的故事

古往今来，许多历史人物的故事都展现出顶住压力，获得了成功的精神。其中不得不提的就是破釜沉舟的故事。

秦朝末年，各地人民纷纷举行起义，反抗秦朝的暴虐统治。有一年，秦国的人马包围了赵国的巨鹿，赵王求救于楚怀王。楚怀王派出一支军队，由宋义为上将军，项羽为次将，带领20万人马去支援营救赵国。上将军宋义因害怕秦军势力强大，一直不做迎战的准备。

项羽杀了宋义，率领士兵渡过漳河去营救赵国以解巨鹿之围。军队全部渡过漳河以后，项羽让士兵们吃了一顿饱饭，告诉每人再带三天干粮。然后，命令："皆沉船，破釜甑。"也就是下令把船沉入河中，把做饭用的锅砸个粉碎，以示要与秦军决一死战的决心，只能进不能退。

项羽凭着空前绝后的勇敢，破釜沉舟，与秦军殊死一战，最终大破秦军，扭转了陈胜举义以来军事上的低潮，成为推翻秦王朝的转折点。

评论："破釜沉舟百二秦关终属楚，卧薪尝胆三千越甲可吞吴"。这个故事告诉我们，有时候我们需要像项羽一样，给自己一些压力。人在过于安逸的状态下是不可能获得快速成长的，适当给自己一些压力有利于自身潜力的激发，帮助自己突破舒适圈，获得质的成长。

故事 3　马修·埃蒙斯的故事

马修·埃蒙斯（Matthew Emmons）是美国一位出色的射击运动员，然而，他也是一位"最倒霉的"射击运动员。

他成名很早，从小就参加射击运动，是著名的"射击神童"，创造了 50 米运动步枪三种姿势少年世界纪录。而让他为全球人民所知并不是他获得奥运会金牌，而是与金牌失之交臂。2004 年雅典奥运会上，埃蒙斯参加男子步枪三姿决赛，他在前九枪积累了明显的优势，领先对手 3 环之多。眼看金牌已是囊中之物。然而，最后一枪，埃蒙斯没有顶住压力，他居然打出了 0 环！原因是他把子弹打到了别人的靶子上。他在别人的靶子上打出了一个惊人的 10.6 环！把近在咫尺的金牌拱手让给了中国射击运动员贾占波。

2008 年北京奥运会上，埃蒙斯再次站到了决赛的舞台上，他在倒数第二轮领先将近 4 环，金牌几乎唾手可得。最后一枪，只要他打出不低于 6.7 环的成绩，就能夺冠。然而，埃蒙斯的心理上再次崩溃，他只打出 4.4 环的超低环数！按理说他的正常水平都是 10 环左右！埃蒙斯最终只获得了第四名。

2012 年伦敦奥运会上，埃蒙斯再次折在"最后一枪"。在男子 50 米步枪三姿决赛上，他在第 9 枪时还领先对手 1 环多。然而，埃蒙斯的最后一枪却只打出 7.6 环，将银牌拱手"送给"韩国选手金钟铉，自己只获得了一枚铜牌。

评论：都说煮熟的鸭子飞不了。然而，听到埃蒙斯的故事之后，明白一个道理，如果处理不好自身的压力，煮熟的鸭子也有可能飞走。

案例故事

案例 1　王同学的故事

王同学是一名高三学生，还有不到四个月的时间就要参加高考了。

一天上晚自习时，老师在黑板上写答案，同学们都在紧张地做笔记。王同学与其他同学不一样，不记笔记，只是低着头，无聊地翻弄着一本字典。突然，他发出了怪异的笑声，当大家把目光转向他的时候，他起身跑向教室的窗户，然后纵身跳了下去。同学们惊慌失措，有人大声喊着，有人哭了起来，整个教室乱作一团。

王同学被紧急送到医院，经抢救无效死亡。后来，警方认定王同学系高坠重度颅脑损伤致死，属于自杀。

为什么会这样呢？原来，在事发之前，王同学被请了家长，因为老师认为王同学在课上调皮捣蛋。老师告诉家长说："你们家孩子情绪有问题，需要处理一下。"王同学与父母吃过晚饭之后，他表示想继续待在学校学习。家长送他回了宿舍。分别时，王同学告诉父母："我不是捣蛋鬼，我只是想好好学习。"

评论：王同学选择自杀来证明自己，用死亡对抗压力。每个人的生活中都会有各种各样的压力，似乎都是环境给的，似乎都是他人给的。其实，本质上压力都是我们自己给自己的，当我们改变不了外在环境与他人的时候，我们只能改变内在的自己，改变内在的态度与看法。所以面对任何压力，我们都应该学着去放松、去缓解，笑对压力，绝不轻言放弃生命。

案例 2　中国女排的故事

2004 年雅典奥运会上，中国女排在决赛中对阵俄罗斯队。中国女排在前两局都败给了对手。在第三局上，比分已经是 21∶23 落后，情况万分危急。主教练陈忠和及时叫了暂停，帮助女排姑娘们稳住并端正了心态。中国女排凭借着优秀的心理素质，顶住巨大的心理压力，将巨大的压力转化为动力。在剩余的比赛中，中国女排一身轻松，俄罗斯女排却背上了想赢怕输的包袱。在比分不利的情况下，中国女排连扳三局，上演了惊天大逆转，最终以总比分 3∶2 击败俄罗斯女排，获得冠军，夺得金牌。

在后来的采访中，女排健将们道出了她们在赛场上一直在给自己进行的心理暗示：①全队技术实力在俄罗斯队之上；②她们曾经完胜过对手；③她们知道只要胜了第三、第四局，一切压力都会给对手；④只要她们胜利了，她们便会创造奥运历史上的又一次奇迹……

评论：给自己积极的心理暗示有助于我们顶住压力，让我们能够遇压力而不退缩，能够更为积极地、自信地去面对，将压力转化为动力。

案例3 羚羊的兴衰

在非洲大草原上有许多种动物。在奥兰治河两岸分布着许多羚羊。有一位动物学家对两岸的羚羊进行对比研究发现，东岸羚羊群的繁殖能力比西岸的羚羊群强，奔跑速度也不一样，每分钟要比西岸的羚羊快13米。这一结果让动物学家充满迷惑，因为这些羚羊所在的生存环境和属类都是相同的，吃的食物也一样，都是以一种叫莺萝的牧草为主。

有一年，在动物保护协会的协助下，这位动物学家在东西两岸各捉了10只羚羊，并把它们分别送往对岸。结果，运到西岸的10只羚羊一年后繁殖到14只；运到东岸的10只羚羊却只剩下3只，另外7只全被狼吃了。

由此，这位动物学家终于发现了为什么东岸的羚羊会比西岸的羚羊强壮了。因为在东岸羚羊群的附近生活着一个狼群，存在生存危机；而西岸的羚羊群没有这样的天敌，不存在生存危机，所以它们变得相对弱小。

评论：有天敌的动物会因天敌的存在而变得强大；没有天敌的动物会因缺乏天敌而最先灭绝。压力本身是一种激励，迫使个体努力向上，让自己的生命变得更强大。

心理学实验

实验1 布瑞迪的"执行猴"实验

布瑞迪（Joseph V. Brady）是约翰·霍普金斯大学医学中心的行为生

物学教授。1958 年，布瑞迪采取双轭控制实验法进行著名的"执行猴"实验，目的是了解应激与胃溃疡的关系。

8 只恒河猴两两配对成 4 对，采用共轭控制，进行电击的回避条件反射训练，每天训练 2~4 个小时。实验把猴子分为执行组与轭合控制组，执行猴子与轭合猴子一一配对，每对猴子分别固定在相邻的两个特制约束椅上，椅子旁边有一个方盒子，盒子中有一个杠杆，任何一只猴子按压杠杆，都可以使它们俩遭受的电击延迟到 20 秒。猴子们学习了 6 小时后，那只更早形成了按压杠杆回避条件反射的猴子被选入实验组，而另一只进入轭合控制组。

这样的回避行为程序持续 6 小时，然后无电击程序持续 6 小时，一天 24 小时中如此周而复始，进行 6~7 周。当处于回避行为程序时，会亮一盏两只猴子都能清晰可见的红灯，而当进入无电击程序时，灯会熄灭。实验开始后不久，4 只实验组猴子都能把回避电击的按压杠杆行为保持在稳定的频率上，在回避行为程序时间段中可达 15~20 次/分钟。

他们吃的东西相同，每天对猴子进行身体检查。采集每只猴子 24 小时或 48 小时的尿样，以测定尿中的 17-羟皮质类固醇。

结果发现，四只对行为负有责任的执行猴分别在第 9、第 23、第 25、第 48 天之后出现溃疡而病死，而四只不负责任的伙伴猴却没有受到疾病的干扰。每对猴子尿中的 17-羟皮质类固醇，只在最初的回避行为程序阶段有轻微的增高，以后就没有变化了，说明没有肾上腺皮质活动增加的迹象。因此，可以说明 4 只实验组猴子患严重的胃溃疡不是由肾上腺皮质活动增加造成的。

所有猴子遭受的电击刺激是完全相同的，然而"执行猴"患严重的胃溃疡死了，而"非执行猴"却健康地活着，原因就在于猴子承受着不同的心理应激的性质与强度。因为"执行猴"有能力控制电击及对电击的结果有所预期，导致它产生了焦虑及其躯体症状。生活中，那些处于支配地位、拥有权力和责任、需要经常做决策的人，如官员、经理、总裁等，更容易患胃溃疡，因为他们就像"执行猴"一样，所从事的工作使他们总是处于强烈的应激之中，更可能由于长期的心理压力而患溃疡病。

后来，研究人员杰伊·威斯（Weiss）重复了布瑞迪的实验（用老鼠而不是猴子），他增加了一种警告性的音调，让执行老鼠们采取行动。结果两个实验组的老鼠都患上胃溃疡。可是，由于警告音调的安全提示，

"执行老鼠"比"非执行老鼠"所得的胃溃疡要轻得多。这个实验有力地说明了可控制性可以缓解压力的负面影响。相反，不可控的心理压力和无助对心理健康有较大的负面影响。

评论：个体不应该总是让精神保持在高度紧张的压力状态下，否则，人很容易身体不适，造成各种疾病风险。当我们学会适应压力，我们的压力感也会随之降低。

实验 2　津巴多的"模拟监狱实验"

津巴多为了探究社会环境对人的行为会产生何种程度的影响，便在报纸上发布广告寻找大学生参加监狱实验。经过一系列测试，24 名身心健康、遵纪守法的年轻人入选。他们被分成"犯人"和"看守"并开始实验。

为了让实验环境更加逼真，研究团队将教室改造成三间小牢房，每个牢房中囚禁 3 名"犯人"。同时有 9 名"警卫"看守，"警卫"三人一组，分成三班，日夜不停地看管"犯人"。每位"囚犯"进入监狱后，与真正的监狱一样，要脱光衣服接受检验，然后换上带有编号的裙子，戴上头套和脚链。"警卫"也要穿上制服，戴上墨镜，手拿警棍，像是一名真正的"警卫"。需要澄清的是，这两拨人在实验开始之前互不认识，而且没有一个人有犯罪前科或者看着像凶神恶煞。

但是，在实验开始之后，"警卫"很快就投入自己所扮演的角色中。警卫先从小的惩戒开始，然后变得越来越疯狂，越来越残暴。开始只是让"囚犯"蹲跳、俯卧撑、关禁闭，后来演变成身体伤害（暴打、不让睡觉），精神虐待（给予同伴压力，比如让其他犯人指责不听指挥的人），因此原本两周的实验，进行到第 6 天就被迫终止了。

该实验揭露出环境压力对人的行为和态度的影响是巨大的。虽然被实验者都身心健康，但是实验中那些"看守"却残忍地折磨"囚犯"，而"囚犯"虽受尽折磨却甘心接受虐待。这是因为被实验者进入了一个逼真的监狱环境。勾起被实验者对真实监狱里所发生情况的联想，从而会不由自主地效仿他们的目标角色的行为。因此在监狱环境压力下被实验者表现出令人难以置信的残暴或者顺从以适应环境的需要。也就是说，在特定环境下，人们会表现出与该环境相适应的态度和行为特征。

津巴多的结论是，在一定的社会情境和诱因下，好人也会犯下暴行，善恶的界限并非不可逾越，每个人的心中都有一个魔鬼。不过也有人认为，这个实验的真正意义在于揭示了人们会因为环境赋予他们的期望而做出相应的举动，从而与外界对自身的期望保持一致。

评论：这个实验告诉我们，现实生活中人们受到社会角色的规范约束，并为了满足社会期望努力扮演自己的角色。角色对我们生活中大部分态度和行为有重大影响。我们既要扮演好自己的社会角色，同时也要有一个理性的思考，不能让自己过分沉浸在角色给自己的压力中，从而做出异于寻常的事。

案例3　南瓜的力量

美国麻省理工学院的科研人员想知道一个南瓜到底能够承受多大的压力。于是实验人员展开了一个有意思的试验。他们将一个小南瓜用许多铁圈箍住，观察南瓜到底能够承受多大的压力。

起初，实验人员预估南瓜最大能够承受500磅的压力。在试验的头一个月，南瓜承受住了500磅的压力；到了第二个月，南瓜承受住了1 500磅的压力；当压力达到2 000磅时，铁圈就已经被撑开了。实验人员没有办法，只好再加固铁圈。最后，当整个南瓜皮破裂的时候，南瓜已经承受了超过5 000磅的压力。

实验人员打开南瓜，发现南瓜里面充满了坚韧牢固的层层纤维；还发现南瓜的根部，为了吸收更多的养分，所有的根往不同的方向全方位地伸展，长度超过2万多米。

评论：一个普通的南瓜变得如此坚韧，竟然能承受住如此大的压力，真是难以想象。南瓜能够承受如此巨大的压力，那么人也一定能够承受住压力的打击。压力并不是坏事，有可能就是一种动力，可以让我们变得更加强大，变得更加完善。只要在压力面前不畏惧、不退缩，每个人都能够战胜压力。我们应该相信每个人的生命潜能都是巨大的，都是难以估计的！

团体辅导活动方案

一、整体活动安排

活动	主题	活动目标	活动内容
1	压力是什么	了解压力是一种情绪反应，压力的产生与特点	1. 在压力中相识 2. 圆圈测量 3. 身体扫描 4. 介绍或商定团体契约 5. 雨点变奏曲
2	压力知多少	明确压力的定义、来源、症状，让成员审视自己平日的压力及反应	1. 变变变 2. 背靠背 3. 优点大家谈 4. 同心同德 5. 相亲相爱
3	我有压力吗	协助成员面对不良情绪，接纳自己的不良情绪，发泄自己的不良情绪	1. 冥想练习 2. 你的压力 3. 生活困扰求助信 4. 压力测试 5. 我的救生圈
4	谁能支持我	探讨压力的根源、表现、正视自己存在的问题，通过团体互动缓解压力	1. 健手操 2. 蝴蝶拍 3. 我的支持系统 4. 与压力共存 5. 怎样爱自己
5	越压越有力	帮助成员了解压力对人行为、身心的影响，学会宣泄、表达压力的方法，掌握控制情绪的有效策略	1. 甩压功 2. 用身体写名字 3. 压力圈圈图 4. 变压力为动力 5. 相亲相爱
6	在压力中成长	强化支持，逆境求存，缅怀过去，告别昨天	1. 生活规划拼图 2. 脑力激荡 3. 告别拖延 4. 集思广益 5. 重新出发

二、具体活动方案

活动 1　压力是什么

活动目的	活动流程
成员相识，了解团体成员有哪些压力	1. 在压力中相识 首先团体组织者介绍团体性质以及目的。我们的主题是：与压力共存、越压越有力。并对参加者动机进行调查，提出要求：守时、尽可能放松地参加，暂停评价，表达自己，聆听别人，手机静音
评估成员所感受的压力程度	2. 圆圈测量 全体成员围成大圈，进行简单的自我介绍，谈谈自己当前有哪些压力？依次询问以下问题：①在目前工作、生活中明显感觉到压力的人；②最近两周内压力明显影响到自己身体状况的人；③最近两周内感觉到压力明显影响到自己工作效率的人；④对管理自己的压力有信心的人。符合提问的成员向前跨一步，观察大家的反应后，再退回去，接着评估第二个问题
评估成员的压力对身体的影响	3. 身体扫描 给每位成员发一张"身体扫描图"（一张人的全身简图），让大家把身体不舒服的部位用自己认为合适的色彩涂出来（每组至少需要一盒蜡笔）
为保证团体正常发挥功能，实现团体组织者与成员的尊重与配合，建立团体成员共同遵守的规范	4. 介绍和商定团体契约 每个小组一张 A4 白纸，让小组成员共同讨论班级辅导规范，并在规定的时间内（5 分钟）尽可能多地写出辅导契约，最后组织者请每组代表宣读本组的规范，并强调保密、守时、尊重、接纳、不评价等基本原则。团体契约建立后请每位成员在契约上签下自己的名字
缓解压力，营造团体氛围	5. 雨点变奏曲 团体组织者先教会大家从刮风到暴风雨的各种身体语言的表达方式，再带领大家一起做：①刮风：搓手；②小雨：用左手两根手指打击右手；③中雨：用左手四根手指打击右手；④大雨：左手五根手指打击右手；⑤暴雨：拍手加上跺脚；⑥狂风暴雨：加上大家的呼喊声

活动2 压力知多少

活动目的	活动流程
感受团体的支持和温暖	1. 变变变 请全体成员围成一个圈，手拉手。然后请成员根据组织者说出的数字快速进行组合。例如，组织者说"3"，那么三个人手拉手形成一个小圈。最后一次变化时形成两人小组
体验成员互相支持，在困难中互助	2. 背靠背 成员两人一组，在瑜伽垫子上挽起手臂背对背坐好，然后一人蜷缩身体，背起另一人让其在自己背上完全放松，坚持一段时间后两人互换角色。之后请两个人面对面分享体会，最后大组分享。可以引导成员讨论压力的感受以及如何管理压力
成员进一步相识，促进成员自我肯定和相互欣赏	3. 优点大家谈 首先让成员两个人一组，面对面坐在垫子上。第一个开始说话的人要以"认识我是你的荣幸"的句子开头，然后介绍自己的三个优点，并举例加以说明； 然后两组合并，每位成员向另一组成员介绍刚才两人小组中同伴的三个优点； 再次两组合并，形成八人一组，每位成员依次介绍前面全部组员的姓名和三个优点，串成"优点糖葫芦串"； 先小组分享，再大组分享，引导成员发现大家相似的地方，促进对他人的欣赏和接纳（练习的前提是成员彼此相识，所以无须再介绍基本信息，增进成员进一步了解和欣赏）
强化团体氛围和团队精神	4. 同心同德 教会全体成员"同心同德"的团队握手方法：每个人伸出右手的大拇指，平放，手背朝上，互相连接在一起，形成一个"同心同德"的圆，各成员之间彼此互相感谢
通过手语帮助成员表达情绪，进一步营造团体氛围	5. 相亲相爱 团体组织者教会大家一起做手语歌《相亲相爱一家人》的练习。体验团队的力量，尤其是在灾后，面对亲人丧生、家园失去，人会有无助感、无力感。和他人在一起，可以形成新的支持系统，增强个人应对困境的能力

活动3 我有压力吗

活动目的	活动流程
减压、放松身心	1. 冥想练习 请大家坐在椅子上，尽可能地放松，闭上眼睛，深呼吸。"在吸气的时候，想象大自然的阳光、新鲜的空气、愉快的心情，通过我们的呼吸，把它吸入我们的身体；在呼气的时候，想象把疲劳、不愉快的心情、身体上的疼痛通过呼气排出体外。你会觉得越来越轻松，越来越自然，越来越平静。继续调整呼吸，让自己平静下来，接着想象自己离开会议室，来到大海边，大海非常辽阔，蓝天白云，海鸥飞翔。站在海边，呼吸着新鲜的海风，让凉凉的海水拍打着你的脚面。凉爽、细腻、自然、轻松，把长期的疲劳、不愉快的心情，装在小瓶子里，扔得远远的，让它远离我们。留下的是轻松、愉快、满足和希望。请你继续享受海边美好的景象。然后想象告别大海，回到会议室，坐在自己的小组里，继续保持放松、自然、宁静、舒服、惬意的感觉。数到3的时候，再慢慢睁开眼睛"
了解自身有哪些压力	2. 你的压力 想一下，凭你的直觉来填 你所面临的主要压力有哪些？请按压力的大小顺序，在空白纸上写下五种
相互帮助，共同进步	3. 生活困扰求助信 每人一张彩色纸、一个信封、笔若干 "所谓人无完人，大家都有自己的资源，也有自己的困扰，生活中最不足以为外人道的难言之隐。训练营真诚沟通的氛围让你信任吗？大家对你的肯定让你有信心克服困难吗？如果你的回答是肯定的，接下来的时间就让大家来帮你解决它，好吗？分发给大家的是经过精心挑选的信封和信纸，信封上的收件人请写你在训练营的昵称，你觉得困惑的问题请写在信封右上方。我们分组进行，你的问题由小组内其他成员帮你共同应对。请将对策写在信纸上，并注明你的昵称，当你是最后一个出主意的人时，请封好信封交给收件人"
进一步了解自身压力，并进行量化评估	4. 压力测试 填写心身压力测试量表（prychosomatil tension relaxation inventory，PSTRI），不要在每个题上花太多的时间考虑
帮助成员了解自己的压力源以及压力反应	5. 我的救生圈 成员按照5~6人一组分成若干小组 给每位成员一张事先预备的纸和一支笔，请大家在图中写出自己压力的来源。大小不同的圈代表程度不同的压力，远近不同的圈代表时间

活动 4　谁能支持我

活动目的	活动流程
热身、缓解压力	1. 健手操 团体组织者代领大家一起做健手操（另参照视频）。 做完健手操后，请大家伸出双手，左手手心向上，右手手心向下，相邻两人的手尽可能地接近，但是不要碰到。请大家闭上眼睛，把注意力放在手心上，用心去体会。然后请大家睁开眼睛，两个人的手接触。组织者可以向大家解释：向上的手心代表接受别人的帮助，向下的手心代表给别人的帮助、付出。并带领大家一起说："无论你多么富有，都富有不到不需要接受的程度；无论你多么匮乏，都匮乏不到给不出来的程度；让我们一起在付出中获得，在获得中付出，彼此支持，共渡难关"
热身，缓解压力	2. 蝴蝶拍 请各成员双手交叉于胸前，右手拍打自己的左肩，左手拍打自己的右肩；然后双手拍打自己的大腿；最后，交叉拍打别人的腿
寻找遇到困难时的社会支持系统，增进和保护自身身心健康	3. 我的支持系统 尽可能多地写出你在遇到困难时可以求助的人的名字。然后分析他们各自可能给你什么样的帮助？你需要得到他们什么样的帮助，并在 24 小时之内与他们取得联系
探索自身压力应对方式，识别哪些是积极应对，哪些是消极应对，并学会将消极应对方式转化为积极应对方式	4. 与压力共存 一般情况下，当你面对压力的时候，你是怎样应对压力的？至少三种方法，把它写出来，并回答它们的效果如何
促进成员接纳自己的情绪，关爱自己	5. 怎样爱自己 给每位成员发放"怎样爱自己"的文本，组织者带领大家一起大声诵读

活动 5　越压越有力

活动目的	活动流程
热身、缓解压力	1. 甩压功 请大家用力向后甩臂，就像把压力向后甩掉一样。然后一边跳，一边甩，口中念道："压力走吧，离开我，让我轻松一点。"当把压力扔掉之后，双手叉腰，跳一跳
热身，缓解压力	2. 用身体写名字 团体组织者带领大家分别用自己的头、腰、手和腿等身体部位写自己的名字，让成员和自己的身体对话
帮助成员了解自己的压力源及压力反应	3. 压力圈圈图 成员按照 5~6 人一组分成若干小组 给每位成员发放一张"压力圈圈图"（见附件 1）和一支笔，请大家在图中写出自己的压力来源。大小不同的圈代表程度不同的压力，远近不同的圈代表时间不同的压力。由小组长组织进行小组内分享，看看大家压力来源有何异同 进行大组分享 发放"关爱健康：压力过大身体出现的警报信号"表（见附件 2），表上列出了消化系统、心血管系统、肌肉系统等在压力过度时的症状及可能出现的疾病。组织者对这张表进行讲解，并请大家对照着表，找寻自己身体的压力反应部位
学习压力一般管理策略	4. 变压力为动力 制订运动计划，每周至少运动 3 次，每次至少半小时，运动时排除其他一切压力和干扰，在压力中体会生命的能力与自身的动力 制定时间管理表。将任务根据紧急和重要两个维度分类，每天安排时间首先处理紧急且重要的事情，所有的任务根据其性质采取不同的处理方式，安排相应的时间。在这些时间里不能做打电话等琐碎的事情，以免整块时间被分割而不能完成原来安排的任务
通过手语帮助成员表达情绪，进一步营造团体氛围	5. 相亲相爱 团体组织者教会大家一起做手语歌《相亲相爱一家人》的练习。体验团体的力量，尤其是在灾后，面对亲人丧生、家园失去，人会有无助感、无力感，和他人在一起，可以形成新的支持系统，增强个人应对困境的能力

活动6 在压力中成长

活动目的	活动流程
协助团体成员安排生活计划	1. 生活规划拼图 准备："生活规划拼图"练习纸（可以根据成员特点自行制作） 操作：发"生活规划拼图"练习纸，请成员独自填写，认真安排自己的生活规划（内容可以根据团体成员的背景和课题需要调整） 将成员分组，每组6~8人。成员在小组中分享自己所写的内容，并了解其他成员所思考的问题，如有必要，可针对生活规划的可能性提出质疑
了解别人的意见，拓展自己的思维空间，培养团体合作精神，发挥集体力量找到多种解决问题的方法和途径	2. 脑力激荡 准备：每人一张大白纸，一支粗水笔。 全体成员分成6~12人一组，每组在组织者给定的时间内就某个题目发表意见。应遵守三条规则：第一，不评论他人的意见正确与否；第二，尽可能多地出主意；第三，争取超过别的小组。这个练习本身带有竞赛性质，每个题目限时15~20分钟。题目可以根据团体成员的特点或团体咨询的目标而定，应该具体、可操作 注意事项：活动中应暂缓批评，不立即做任何优缺点的评价；发表的意见越多越好，办法多多益善；发表的意见越奇越好，自由联想，不要怕跟别人不一样；支持联合与改进，鼓励巧妙地利用并改善他人的构想
帮助成员对拖延事件表达未曾表达的情绪	3. 告别拖延 给每个成员发放一张白纸，让其在上面写出尚未表达出的情绪，格式如下： 未曾完成的_____ 请每位成员回忆自己记忆最深刻的事件，然后分享，看看今天的认识以及应对方式，与过去有什么不同
通过相互提供意见，依靠团体的力量，协助成员解决个人面临的困惑	4. 集思广益 准备：每人一个信封，若干张纸条（比人数少一张），若人数多，可分为6~10人一组。 操作：请成员在信封上写自己的姓名。将目前最困扰、最想得到帮助的问题写在纸条上，如：怎样才能找到意中人？怎样才能成为一个出色的咨询员？我怎样才能获得真正的友谊？睡不着怎么办？等等。每个人在纸条上写同样的问题，并留足回答问题的空间，然后在纸条上写姓名。将纸条分发给各位成员，请他们逐一回答。回答完毕，将答案装进信封，每个成员阅读后谈谈感想，以及这些意见对自己解决问题有哪些启发
帮助成员强化创伤后重新开始的决心	5. 重新出发 合唱手语歌曲《从头再来》（作词：陈涛　作曲：王晓峰），成员握手、拥抱，集体告别

附件：

附件 1：压力圈图

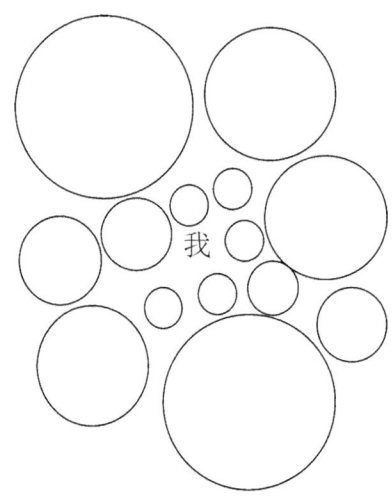

附件 2：压力过大身体出现的警报信号

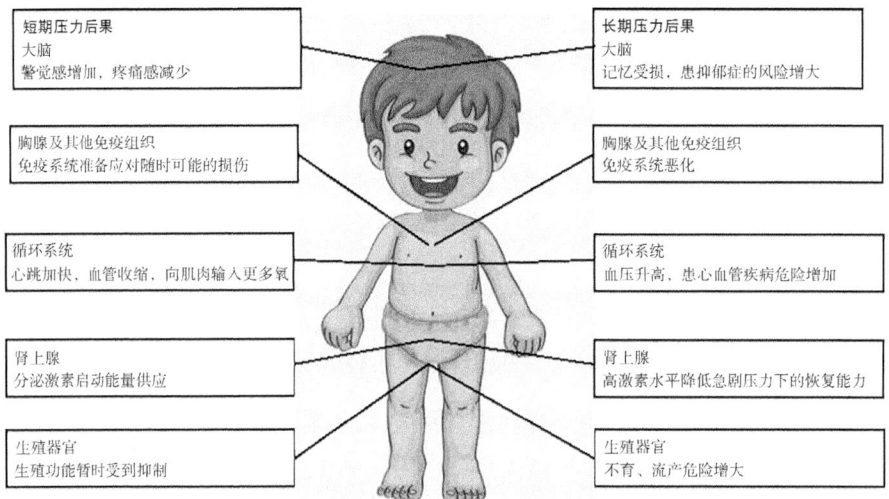

行动指南

理念指南

1. 压力是一种天然的生命保护机制。
2. 压力是一种预警信号。
3. 压力是一把双刃剑。
4. 压力也有可能变成兴奋剂。
5. 压力对于弱者就是绊脚石。
6. 压力对于强者就是垫脚石。
7. 在压力中磨炼意志。
8. 抗得住压力,会得到加倍的报偿。
9. 重压之下,必有奇迹。
10. 不畏压力的人,才有希望达到成功的顶点。
11. 学会悦纳自己,给自己适当的放松。
12. 不要悲天悯人,生活需要积极乐观的态度去对待。

行为建议

1. 不要给自己规定太多"必须"做的事。
2. 不要总是纠结于自己的不完美。
3. 不要把自己的节奏调得太快。
4. 不要对问题抱着糟糕的想法。
5. 不要一味地与他人进行无谓的比较。
6. 不要对一件事情过于在乎。
7. 多与他人沟通,倾诉压力。
8. 多做体育运动,锻炼身体。
9. 多听轻松的音乐。
10. 看一场搞笑的电影。
11. 想哭的时候,不要压抑。
12. 找个没人的地方,大吼大叫。
13. 泡一个热水澡。
14. 穿上自己喜欢的衣服。

15. 做几次深呼吸。
16. 吃自己喜欢的食物。
17. 多吃一些消除疲劳的食物。
18. 做一次按摩。
19. 做一次冥想。
20. 做一件从未做过的疯狂之事。
21. 提前做好规划。
22. 学会拒绝别人。
23. 每天对自己笑一笑。

重点推荐

推荐读物

1. 《压力管理》

（德）洛塔尔·赛韦特著，张宇霆译，中信出版社，2007年版。

推荐理由：当下的社会，是一个快速发展、高速运转的社会，我们每个人无时无刻不与外界发生各种关系。导致每个人奔波于各个地方，活在一种安排之间，结果无顾及自己，感到疲惫，感到压力。痛定思痛，现代社会的人们正在觉醒，逐渐意识到提高生活质量的重要性，不希望生活节奏无限加快，开始追求健康、平衡的生活状态。因此，管理压力就成为一种学问，掌握压力管理技巧是个人的必修课。在本书中，赛韦特博士给出了相应的方法。他以"时间管理"法则为基础，经过进一步的深化与拓展，提出了最新的用于自我管理的"压力管理"法则。本书将详尽地告诉每个人，如何才能摆脱现实中的烦恼与困境，达到令自己满意的生活状态。相信在本书的引导下，每个人都能找到属于自己的生活道路，一直通向理想的终点。

2. 《自控力：和压力做朋友》

（美）凯利·麦格尼格尔著，王鹏程译，北京联合出版公司，2016年版。

推荐理由：凯利·麦格尼格尔博士是一位健康心理学家，帮助人们管理压力是他的工作职责。在书中，他对压力采取了更为宽泛的定义，认为压力就是你在乎的东西发生危险时引起的反应。这个定义把生活中所有的情境涵盖了进来，包括交通阻塞引起的沮丧和失去物品的痛苦，感到压力时的想法、情绪、生理反应，选择怎样应对压力情境。提醒我们，每个存在是一个事实，压力和意义无法分割。我们从不会对不在乎的事情感到压力，不经受压力也无法获得有意义的生活。当我们学会了与压力共处，学会控制自己的选择时，压力就变得不一样了。拥抱压力，会让自己变得更为主动，更能有机会拥有能量，让自己有机会将压力转化为机会，最终寻找到压力带给我们的意义。对于压力的管理与解决，麦格尼格尔吸收了众多科学门类的知识，包括心理学、神经学和经济学等学科。这本书提供的方法可以让我们与压力更好的共存。

3.《敏感的人：如何面对外界压力》

（美）伊莱恩·N.阿伦著，张国清、周丹、李雪阳译，上海译文出版社，2001年版。

推荐理由：生活中处处、时时都充满了紧张、压力，每个人都逃脱不掉，或迟或早都要面对。然而，对这些问题反应最为强烈的人就是高度敏感的人群。这类人最大的问题是经常把生活中一些事件的压力扩大化、泛化，导致自己有一种一无是处、孤立无援的感受。本书的作者伊莱恩·N.阿伦是一位临床心理学博士、咨询师。她从另一角度积极地认识敏感的特质，她认为高度敏感是一份难得的资产，而绝不是一种性格上的缺陷。此书有助于了解自己身上的敏感特性，学会如何将敏感特性运用到日常的生活、工作、人际关系之中，不因敏感而产生压力。

4.《无压力社交》

（英）吉莉恩·巴特勒著，程斯露译，中国华侨出版社，2018年版。

推荐理由：生活中有一类人存在社交焦虑，会因为与他人的交往而产生心理压力。例如，总是习惯性地躲避他人的眼神，不敢与别人进行眼神交流；不敢独自前往人多的地方；等等。吉莉恩·巴特勒女士是一位认知疗法的主张者。本书以认知行为疗法的理论为基础，对社交焦虑进行了深入的解析，介绍了一套适用于所有人的方法：即减少自我关注、改变思维模式、改变行为模式，并在最后一部分补充了对特定人群的建议。可以说本书是一本写给社交焦虑人士的自助指南读本。阅读此书，有助于减轻社交压力，人际交往不再是将自己压得喘不过气来的大山；阅读此书，可以让你的人际世界变得简单而且美好。

5.《挑战：压力如何塑造我们》

（英）伊恩·罗伯森著，龚思齐译，湖南文艺出版社，2018年版。

推荐理由：生活中同样的事情，不同的人会有不同的反应。有些人会把鸡毛蒜皮的小事看得比天大，有些人会把天大的事看作是鸡毛蒜皮的小事；有些人遇到挫折困境会一蹶不振，有些人遭遇逆境压力反而更加坚韧。这些不同的反应都源于每个人对于事件的不同认知。伊恩·罗伯森是一位临床心理学家和认知神经科学家，他以40多年的研究结果向大家揭示认知是如何形成的，大脑是如何反应的。本书很好地回答了一个问题，即压力真的始终是好事吗？通过丰富的富有启发性的研究结论，告诉我们应该如何看待压力，如何应对压力。

6.《抗压力：逆境重生法则》

（日）久世浩司著，贾耀平译，北京联合出版公司，2016年版。

推荐理由： 每个人都要身处职场之中。大家都会有这样的感觉：工作指标太高，老板要求太高，生活与工作冲突，挣得太少，升迁太慢，等等。总之，工作中的压力非常大。然而，总会有那么一部分人会成为商业精英，攀登到事业的顶峰。他们是如何做到的呢？很重要的原因就是这些人可以很好地对抗压力。本书的作者久世浩司是一位曾经在世界500强公司工作多年的职场人，也是一位积极心理学认证培训师。在书中，作者提供了培养自我效能感，重拾自信，锻炼抗压力的科学方法。阅读本书能够让人摆脱消极情绪的恶性循环，学会运用运动、音乐、呼吸、写作等物理手段提升自己精神状态的方法。

7.《压力是成功的跳板》

（美）博恩·崔西著，史雷译，机械工业出版社，2015年版。

推荐理由： 每个人都要工作，都要拼搏在职场。有一种说法，个人的危机或工作上的危机平均每两三个月就有可能会出现。出现危机并不可怕，其实重要的是如何面对这些危机所产生的压力。本书可以教你如何正确认识这些压力，如何操控这些压力，如何采取正确的方法处理压力的问题。

8.《驾驭压力：受益终身的8条抗压守则》

（英）戴夫·阿尔里德著，许人文译，人民邮电出版社，2018年版。

推荐理由： 本书的作者阿尔里德博士是英国表现心理学领域的领军人物，研究方向为如何在压力下出色发挥。同时他还有着多种身份，橄榄球、高尔夫球、足球等运动教练，曾指导过诸多知名球星和球队。体育明星在光环的背后都身负巨大的压力，他们要有过硬的心理素质才能通过日常的训练以及各种比赛。他们应对压力的方法都是经过实践检验的方法。如果我们普通人也能像体育明星一样驾驭压力，将压力转化为自身优势，生活必定不一样。阿尔里德博士正是用这本书，分享自己多年来积累的应对压力的经验，将这些经验归纳成为8条守则。学习这些守则可以让我们在生活和工作中更好地管理和平衡压力。

9.《释放：过上无压力生活的7个原则》

（美）奥尔平、（美）布兰肯著，杨颖玥、张尧然译，中国青年出版社，2015 年版。

推荐理由：生活中的压力处处可见，生活中的压力会让人产生各种身体与心理上的问题，包括头疼、胃痛、失眠、记忆力下降、焦躁、焦虑、沮丧、郁闷……各种压力侵扰我们的生活，侵害我们的健康。压力如影随形，与日俱增，如何应对这些压力呢？本书告诉你过上无压力生活的 7 个原则。本书既有理念，也有作者的现身说法。书中的理念与方法，可以轻松拿来运用，帮助我们应对压力。

10. 《别让压力毁了你》

葛婷著，北京理工大学出版，2018 年版。

推荐理由：现代社会的速度是前所未有的，无论是工作还是生活节奏都非常快，而且越来越快，导致现代人的心理压力也越来越大。本书从现代人身边的各种压力源入手，探寻压力带给人们的问题，然后从身体、心理、情感等方面去寻找解决压力的方法。相信阅读本书之后，大家可以更好地认识生活中的压力。

11. 《活着》

余华著，作家出版社，2012 年版。

推荐理由：《活着》是作家余华的代表作之一。2004 年 3 月，《活着》荣获法兰西文学和艺术骑士勋章。小说讲述徐福贵的人生经历，从小就是阔少爷，爱挥霍；被抓壮丁；家道中落；最后，妻子、儿女和孙子相继离他而去，只有他一个人活了下来，年老的他和一头老牛相依为命。面对各种生活的苦难，徐福贵学会了忍受，忍受生活的重压。当苦难终于过去，徐福贵依然乐观地活着。徐福贵这种单纯的并不高尚地活着的念头，启发着读者。生活中存在许多不可抗拒的力量，我们往往只能被动地接受现实生活中的各种压力，而不能选择哪些可以出现，哪些不能出现。我们唯一可以决定的就是用从容的心态去面对。

12. 《平凡的世界》

路遥著，人民文学出版社，2005 年版。

推荐理由：《平凡的世界》是中国作家路遥创作的一部百万字的现实主义小说。小说以西北农村的历史变迁为时间轴，在近十年的广阔背景下，通过复杂的矛盾纠葛，劳动与爱情，挫折与追求，痛苦与欢乐，日常生活与巨大社会冲突，等等。刻画社会各阶层众多普通人的形象，展示了普通人在历史进程中走过的艰难曲折的道路，描述众多普通人在面对社会生活各种压力时的千姿百态。现实生活就是这个样子，充满了纠结与挣扎。理想与现实的差距，理想的追求与现实的无奈会导致人们形成精神上的双重痛苦。这部小说告诉我们，只有那些巍然站立在无比的痛苦与压力面前的人，只有那些把握着生活马车车辕的人，只有那些把艰难痛苦当作人生财富的人，只有那些在各自的道路上勇敢闯荡的人才是真正的强者，才配拥有精彩的人生。

推荐电影

1.《当幸福来敲门》(The Pursuit of Happyness)

2006年，美国，导演：加布里尔·穆奇诺，主演：威尔·史密斯、贾登·史密斯、桑迪·牛顿等。

推荐理由： 威尔·史密斯扮演一位濒临破产、老婆离家的落魄业务员克里斯。每天拎着扫描仪穿梭于街头，四处去推销。然而，工作不顺，入不敷出，老婆孩子要养，房租、税金等许多账单要付。妻子离他而去，他与5岁的儿子相依为命。因为没钱付房租，被撵出了公寓。一边找工作，一边为每日的住所而奔波，甚至为了收容所一个床位而差点被车撞。面对生活的重压，克里斯没有怨天尤人，就此放弃。他始终坚信：只要今天够努力，幸福明天就会来临！皇天不负苦心人，克里斯凭借着努力和天分，赢得了一份非常好的工作，最终成为一名成功的投资专家。这部影片取材真实故事，影片主角是美国黑人投资专家克里斯·加德纳（Chris Gardner）。通过欣赏这部影片你会发现，生活中有很多压力比你还大的人。只要不放弃希望，不放弃努力，不服输，不妥协，幸福就会到来。

2.《穿普拉达的女王》(The Devil Wears Prada)

2006年，美国，导演：大卫·弗兰科尔，主演：梅丽尔·斯特里普、安妮·海瑟薇和艾米莉·布朗特等。

推荐理由： 米兰达是顶级时装杂志社的总编，她有两个助理。第一助理负责日程安排，第二助理（安德丽娅·桑切丝）负责其余一切事物，包括买咖啡、在几小时之内帮她女儿搞到尚未出版的最新一集《哈利·波特》，在暴风雨之夜设法让她从迈阿密飞回纽约，等等。所有这些看起来不太可能做到的事情，米兰达都要求安德丽娅必须做到。在一系列失败和考验之后，安德丽娅渐渐适应了这份工作。米兰达看到了安德莉娅身上那种不屈不挠的精神。随后，米兰达开始把第一助理分内的事也交给她做，自此，安德丽娅的人生出现了转折。相信许多职场新人都有类似的经历，来自职场各方面的压力，老板苛刻的要求，同事的排挤，工作的琐碎，等等。这个时候不妨学一学电影中的女主角，努力坚持，将压力化成动力，在最短的时间内得到最快的成长。

3. 《嗝嗝老师》（Hichki）

2018年，印度，导演：西达夫·马贺拉，主演：拉妮·玛克赫吉、内拉吉·卡比、萨钦、苏普丽雅·皮尔加卡尔等。

推荐理由： 奈娜·玛瑟从小患有图雷特综合征，这种病会让她不由自主地发出类似打嗝的怪声。由于这种病，她从小经常被他人嘲笑，读书时还曾被12所学校拒之门外。后来，有一位校长说："我们会像对待其他学生一样对待你。"这句话让奈娜感受到前所未有的平等，同时也在她心中产生做一名好教师的梦想。奈娜毕业经过无数次面试失败后，收到了母校圣蒂克学校的聘用通知。然而，分配给她的班是全校最难搞、成绩最差的9F班。这个班的学生是一批贫困生，他们受到歧视与排斥，于是就自暴自弃，抽烟、打牌、上课捉弄老师。奈娜的疾病成为与这批特殊学生沟通的桥梁。奈娜大胆创新教学方法。最终，让9F班的学生能有尊严地与9A班优等生并肩站在一起。对于奈娜和9F班的学生来说，先天的疾病和贫困是他们与生俱来的压力。其实，我们的生活中存在与生俱来的问题而导致的压力。如果不去努力，这些问题有可能会成为一辈子的巨大压力，然而，接受现实，努力奋斗就会有所改变。影片给每个身处逆境的人以希望和爱的力量。这部电影告诉我们，要积极乐观并且努力地面对生命中的压力，不向它屈服，努力改变现状。

4. 《小鞋子》（سمان بچههایا）

1997年，伊朗，导演：马基德·马基迪，主演：穆罕默德·阿米尔·纳吉等。

推荐理由： 故事简单感人。在不发达的年代，在一个贫困的家庭中，有一对兄妹相亲相爱。小阿里丢了妹妹的小鞋子，为了不受父母的责罚，两个人瞒着父母达成协议：兄妹二人轮换着穿仅有的一双鞋子，并承诺会给妹妹买一双新鞋。小阿里试图和父亲去城里打工挣钱，发生意外，父亲受伤治病花掉了答应给妹妹买鞋的钱。后来，小阿里哀求老师批准他参加全市长跑比赛，因为三等奖的奖品是一双鞋子。然而，小阿里在比赛中得了第一名。他在获得冠军时流下了眼泪，因为他只想要第三名，只想要那双鞋子啊！影片不是刻意表现生活的艰难，而是告诉每个人，对生活的压力，除了向前奔跑没有其他的办法。

5. 《风雨哈佛路》（Homeless to Harvard：The Liz Murray Story）

2003年，美国，导演：彼得·莱文，主演：索拉·伯奇、迈克·里雷等。

推荐理由：影片的主角丽兹是一个十分不幸的女孩。她的父母都是瘾君子，母亲有精神分裂症，后来死于艾滋病。她的生活颠沛流离：住收容所，睡地铁站，捡垃圾，乞讨，流浪在城市的角落。她活在一个没有希望和梦想的世界里。日复一日，随着慢慢长大，丽兹明白了一个道理，要想改变自身的状况，唯有读书一条路可走。于是她开始了自己的求学之路。她用最真诚的态度感动了高中校长，争取到了读书的机会。一边打工一边上学，用两年时间读完高中四年的课程。努力申请纽约时报的全额奖学金，最终获得了这份奖学金，步入了哈佛的学堂。贫困阻碍了许多人的生活希望。通过观看这部影片，我们可以发现丽兹的改变与成功正是因为她能够正视生活中的各种压力，贫困并没有止住丽兹前进的决心，而是成为她勇往直前的奋斗动力。压力也可以带给人们正能量，帮助人们迈向更好的明天。

6.《泰坦尼克号》

1997年，美国，导演：詹姆斯·卡梅隆，主演：莱昂纳多·迪卡普里奥、凯特·温斯莱特、比利·赞恩等。

推荐理由：死亡是人生最大的压力。在面对死亡时的表现，才能展现出人性最真实的东西。虽然许多人都将《泰坦尼克号》视为爱情的经典电影，但这部电影中包括许多内容，尤其是在沉船的那一刻，影片鲜活地展现出不同的人面对死亡时的各异表现：有邪恶的、有惊慌的、有从容的、有淡然的。这才是电影的经典之处。观看这部电影会让你重新思考、审视死亡压力，重新认识人性的善恶问题，相信会带给你对死亡压力的不一样理解。

附录：生活事件量表

生活事件量表

(Life Events Scale，LES)

指导语：下表列出了每个人都有可能遇到的一些日常生活事件。这些事件对个人有精神上的影响（体验为紧张、压力、兴奋或苦恼），影响的轻重程度各不相同，持续的时间也不一样。请回忆一年来个人的生活，根据自己的实际情况，实事求是地回答下列问题，并在合适的答案上打"√"。

生活事件名称	事件发生时间				性质		精神影响程度					影响持续时间				备注
	未发生	一年前	一年内	长期性	好事	坏事	无影响	轻度	中度	重度	极重	三月内	半年内	一年内	一年以上	
举例：房屋搬迁			√			√		√					√			
家庭有关问题																
1. 恋爱或订婚																
2. 恋爱失败、破裂																
3. 结婚																
4. 自己（爱人）怀孕																
5. 自己（爱人）流产																
6. 家庭增添新成员																
7. 与爱人父母不和																
8. 夫妻感情不好																
9. 夫妻分居（因不和）																
10. 夫妻两地分居（工作需要）																
11. 性生活不满意或独身																
12. 配偶一方有外遇																
13. 夫妻重归于好																
14. 超指标生育																
15. 本人（爱人）做绝育手术																
16. 配偶死亡																

续表

生活事件名称	事件发生时间			性质		精神影响程度				影响持续时间				备注
	未发生	一年前	一年内	长期性	好事	坏事	无影响	轻度	中度	重度	极重	三月内	半年内	一年内	一年以上
17. 离婚															
18. 子女升学（就业）失败															
19. 子女管教困难															
20. 子女长期离家															
21. 父母不和															
22. 家庭经济困难															
23. 欠债500元以上															
24. 经济情况显著改善															
25. 家庭成员重病、重伤															
26. 家庭成员死亡															
27. 本人重病或重伤															
28. 住房紧张															
工作学习中的问题															
29. 待业、无业															
30. 开始就业															
31. 高考失败															
32. 扣发奖金或罚款															

续表

生活事件名称	事件发生时间			性质		精神影响程度				影响持续时间				备注
	未发生	一年前	一年内	长期性	好事	坏事	无影响	轻度	中度	重度	极重	三月内	半年内	一年内	一年以上
33. 突出个人成就															
34. 晋升、提级															
35. 对现职工作不满意															
36. 工作学习中压力大（如成绩不好）															
37. 与上级关系紧张															
38. 与同事邻居不和															
39. 第一次远走他乡异国															
40. 生活规律重大变动（饮食睡眠规律改变）															
41. 本人退休离休或未安排具体工作															
社交与其他问题															
42. 好友病重或重伤															
43. 好友死亡															
44. 被人误会、错怪、诬告、议论															
45. 个人民事法律纠纷															

续表

生活事件名称	事件发生时间			性质		精神影响程度				影响持续时间			备注
	未发生	一年前	一年内	长期性	好事	坏事	无影响	轻度	中度	重度	极重	三月内	半年内	一年内	一年以上	
46. 被拘留、受审																
47. 失窃、财产损失																
48. 意外惊吓、发生事故、自然灾害																

正性事件值：

负性事件值：

总值：

说明与解释

生活自评量表，含有48项比较常见的生活事件，包括家庭生活、工作学习、社交及其他三个方面。填写者将某一时间范围内（通常为一年内）的事件记录下来。有的事件虽然发生在该时间范围之前，如果影响深远并延续至今，可作为长期性事件记录。

对于生活自评量表已列出但未经历的事件应注明"未经历"，不留空白。以防遗漏。然后，由填写者根据自身的实际感受而不是按常理或伦理道德观念去判断那些经历过的事件，对本人是好事或是坏事？影响程度如何？影响的持续时间有多久？

一次性的事件如流产、失窃要记录发生次数；长期性事件，如住房拥挤、夫妻分居等不到半年记为1次，超过半年记为2次。影响程度分为5级，从毫无影响到影响极重分别记0，1，2，3，4分；影响持续时间分月内、半年内、一年内、一年以上4个等级，分别记1，2，3，4分。

生活事件刺激量的计算方法

1. 某事件刺激量＝该事件影响程度分×该事件持续时间分×该事件发生次数
2. 正性事件刺激量＝全部好事刺激量之和
3. 负性事件刺激量＝全部坏事刺激量之和
4. 生活事件总刺激量＝正性事件刺激量＋负性事件刺激量

生活自评量表总分越高反映个体承受的精神压力越大。95%的正常人一年内的生活自评量表总分不超过10分，99%的不超过32分。负性事件的分值越高对心身健康的影响越大，正性事件分值的意义尚待进一步的研究。

第三章 挫折情绪的团体辅导

导语

有人专门研究过国外293位著名文艺家的传记,其中有127人在生活中遭遇过重大挫折。世界上各行各业有所成就的人都对成功道路上的挫折有着深刻体验。著名科学家威廉·汤姆逊说过:"有两个字能代表我50年前在科学进步上的奋斗,就是'失败'。"大文豪巴尔扎克也说过:"世界上的事情永远不是绝对的,结果完全因人而异。苦难对于天才是一块垫脚石,对于能干的人是一笔财富,对于弱者是一个万丈深渊。"

大学生在生活与学习上会遇到诸多困难情境,例如,适应新环境,经济负担加重,学业竞争激烈,人际关系复杂,恋爱屡现波折,职业选择艰难,等等。他们会因此而感到不同程度的受挫。挫折心理是一种特殊的心理机制,不仅给大学生造成精神上的不安和情绪波动,影响身心健康,还会压抑大学生的创造性和积极性,对学习和生活起着消极的作用。因此,大学生应当学会运用有效的对抗挫折的方法,努力发挥主观能动性,把挫折带来的压力转化为前进的动力。

有关研究表明,当前大学生对挫折的不良认知有三种。

(1) 挫折心理准备不足。许多大学生由于还处在象牙塔里,未经过社会的洗礼,缺乏相应的社会经验和挫折体验,往往对许多未知事物持盲目乐观态度,很难对某些事物进行客观、公正的评价。"初生牛犊不怕虎",说明青年大学生有一种奋发进取、敢冒风险的特点,但也容易因此不明情况、缺乏准备而遭遇挫折。

(2) 只见树木,不见森林。许多大学生会因为一两件事没有做好,就轻易地进行自我否定、悲观失望。例如,在人际交往中遇到冲突或麻烦,就认为自己的交际能力太差,对人际交往失去了兴趣,没有了信心;看到社会上存在的腐败现象,就认为整个社会都是黑暗的,等等。

(3) 夸大挫折的后果。许多大学生都存在一种糟糕之极的不合理念头,即把某些挫折发生的实际后果想象得糟糕透顶,非常可怕,而实际结果并不是这样。这种念头与想法比实际挫折带来的消极影响或打击力度还要大。如目前大学校园里发生的大学生自杀事件，就是因为当事人把问题夸大了，夸大的挫折后果导致了轻生的念头与行为。

事实表明，正确认知挫折是大学生战胜挫折的先导和前提。大学生要认识到，挫折只是一种基本的情绪反应，具有两面性，即人们通常所说的挫折是把"双刃剑"。为了能够更好地认识挫折，大学生应着重领会三点。

第一，人生的境遇，十之八九是逆境，十之一二是顺境。这句话说明人生遭遇挫折是难免的、正常的、必然的。挫折如同每个人的影子，无时不在，无处不有。大哲学家叔本华说过，人生就是一种痛苦。他的用意就在于强调人生并不是一帆风顺的，其中充满了各种挫折与痛苦。而对于这些不可回避的痛苦，所需要做的就是忍耐。因此，大学生要认清这个事实，人生道路是充满荆棘的，社会生活是纷繁复杂的。要知道挫折是个人生活必然的组成部分，在人生各个阶段随时随地都可能遇上挫折。当挫折发生时，大学生不要惊慌失措，更不要灰心丧气，要有充分的心理准备，用平静的心态面对。当挫折发生后，大学生要学会及时分析原因，从中汲取经验教训，不断地提高自己应对挫折的能力。

第二，挫折是人生的催熟剂。"自古雄才多磨难，从来纨绔少伟男"。这句话的意思是说，磨难可以锻炼人，可以造就人，杰出的人才都是经历过许多磨难的；而那些成长在优越环境的人是很难做出成绩的。总之，人们出色的工作往往是在挫折逆境中做出的，不经历挫折的磨炼不会成就伟业。因此，孟子说："天将降大任于斯人也，必先苦其心志，劳其筋骨，饿其体肤，空乏其身，行拂乱其所为，所以动心忍性，曾其所不能。"大学时期应该是大学生的身体与心理接受锻炼的时期，接受得越多发展得越成熟。生活中的许多事例都表明，当一个人身处顺境或春风得意时，往往只能看到自己的优点和长处；只有在受到挫折打击之后，才会开始反省自身，看到自身的弱点和不足，看到自己的理想、需要与现实的矛盾。所以从这个角度说，挫折有利于自己扬长避短，促进自己更快成熟和全面发展。大学生在与挫折进行抗争的过程中，不仅可以增长个人才能，而且能培养坚韧不拔的意志。大学生要能接受生活与学习中出现的挫折，要学会自我宽慰，要善于化压力为动力，做到处变不惊、心怀坦荡、情绪乐观，满怀信心地面对挫折。要想成为卓越的人，要牢记贝多芬的一句话："卓越的人的一大优点就是在不利与艰难的境遇里百折不挠。"

第三，挫折预示着一种机遇。"疾风知劲草"，挫折造精英。对于每个人来说，挫折不仅是一次很好的锤炼机会，更是一次契机，一次有价值的机遇。我们要学会审视挫折，善于从挫折中寻找转败为胜的机会，这样我们就能够成为强者。众所周知，爱迪生一生有很多项发明，其中每项发明都充满了挫折、艰辛、困苦。例如，爱迪生用了10年时间研制蓄电池，共失败100 296次，最终才取得成功。正是因为他经历了10余万次的失败与挫折，才能够最终找到成功的路径。反观这些挫折，不是失败，而是一次次的证明，一次次的总结。正如毛泽东所说："错误和挫折教训了我们，使我们比较的聪明起来，我们的事情就办得好一些。"挫折本身并不会直接导致心理问题。心理学家认为，引起心理问题的关键不是挫折本身，挫折本身并不是导致情绪障碍的直接原因，真正的原因在于大学生对挫折事件的看法、解释、信念。这些观念是引起大学生情绪和行为反应的直接诱因。对挫折不合理的认知会导致不恰当的情绪和行为反应；相反，合理地认知挫折会产生对事物的恰当的情绪反应。

因此，大学生要理性地认识挫折，合理地利用挫折，将挫折视为一种转折，学会将危机转化为转机。要尽量学会从积极意义和角度看待挫折，发挥挫折的积极作用，减轻挫折消极作用的危害。大学生在求学奋进的过程中必然会遭遇各种阻碍，从而使人生历程出现波折，这是客观存在的事实，是大学生成长的必经阶段。大学生要深刻体会"石压笋斜出，悬崖草倒生"的内涵，坚信逆境挫折就是走向成熟的熔炉。

谈挫折

一位对发展有无助和消极态度的人，即便是比较小的危险也会产生极度的不安。

（美）艾瑞克·弗洛姆

挫折就像一块石头，对于弱者是绊脚石，让你停步不前；对于强者却是垫脚石，使你站得更高。

（法）巴尔扎克

挫折这把犁刀一方面割破了你的心；一方面掘出了生命的新水源。

（法）罗曼·罗兰

不耻落后，即使慢，驰而不息，纵会落后，纵会失败，但一定可以达到他所向的目标。

（中）鲁迅

一切幸福并非没有烦恼，而一切逆境也绝非没有希望。

（英）培根

苦难是人生的老师，通过苦难，走向欢乐。

（德）贝多芬

一个人总是有些拂逆的遭遇才好，不然是会不知不觉地消沉下去的，人只怕自己倒，别人骂不倒。

（中）郭沫若

种子不落在肥土而落在瓦砾中，有生命力的种子决不会悲观和叹气，因为有了阻力才有磨炼。

（中）夏衍

困难与折磨对于人来说，是一把打向坯料的锤，打掉的应是脆弱的铁屑，锻成的将是锋利的钢刀。

（俄）契诃夫

上天完全是为了坚强我们的意志，才在我们的道路上设下重重的障碍。

（印）泰戈尔

每一个要在社会得到地位的人，一定要经历巨大的困难与努力的时期。

（荷）梵高

名人故事

故事1 诺贝尔的故事

诺贝尔奖为世人所熟知。它的设立是缘于瑞典化学家、发明家阿尔弗雷德·贝恩哈德·诺贝尔。他为人们所熟知的发明就是炸药。

1864年9月3日，在斯德哥尔摩市郊区，发生了一场惨祸。突然发生爆炸，爆炸声音震耳欲聋，浓烟滚滚冲上天空，火苗直往上蹿。仅仅几分钟时间，原来屹立在这里的一座工厂已荡然无存，大火吞没了一切。大家看到在大火旁边站着一位青年，30岁左右的年纪，面无血色，全身不停地颤抖着。这位在事故中大难不死的人，就是流芳百世的大化学家——诺贝尔。

这场事故摧毁了诺贝尔的硝化甘油炸药的实验工厂，夺走了5个人的生命，分别是诺贝尔正在大学读书的、活泼可爱的小弟弟，与他朝夕相处的4名助手。事故非常惨烈，5个人的尸体被烧焦，惨不忍睹。诺贝尔的母亲得知小儿子惨死，悲痛欲绝。父亲因受到强烈的打击而引起脑出血，从此半身瘫痪。所有这一切对于诺贝尔来说，无疑是一个噩耗，一个巨大的心理创伤。然而，在失败和巨大的痛苦面前，诺贝尔不是想着逃避，而是想着如何继续自己的研究。警察严禁诺贝尔恢复自己的工厂，人们也不愿意出租土地让他进行如此危险的实验。一连串挫折并没有动摇诺贝尔继续研究炸药的决心。几天以后，在远离市区的马拉仑湖上，出现了一只巨大的平底驳船，驳船上摆满了各种仪器设备，诺贝尔在平底驳船上继续着自己的实验。

经过多次的受挫，他终于发明了雷管。接着，他又在德国的汉堡等地建立了炸药公司。随着诺贝尔生产的炸药成了抢手货，诺贝尔的财富也与日俱增。然而，获得成功的诺贝尔并没有摆脱挫折。

不幸的消息接二连三地传来。在旧金山，运炸药的火车因震荡而发生爆炸；在德国，一家工厂因搬运硝化甘油时发生碰撞而爆炸；在巴拿马，一艘满载硝化甘油的轮船，在大西洋的航行途中，因颠簸引起爆炸……面对接踵而来的各种坏消息与困境，诺贝尔没有一蹶不振，没有被压垮，而是继续坚持自己选定的目标，凭借着毅力和恒心，义无反顾地将研究做下去。诺贝尔把挫折踩在了脚下，一路奋斗，一生共获发明专利355项，并在欧美等五大洲20个国家开设了约100家公司和工厂。

1895年，诺贝尔设立遗嘱将其遗产的大部分作为基金，将每年所得利息分为5份，设立诺贝尔奖，授予那些对人类做出重大贡献的人。诺贝尔科学奖，被科学界视为一种至高无上的荣誉。

评论：我们在生活中会遇到或多或少，或大或小的挫折，然而正是这些挫折构成了我们真实的生活。经历亲人与助手死亡的悲痛，面临随时因实验而丧生的危险，受到来自社会的重重阻力，一次又一次的挫折，诺贝尔没有在内心的挫败和外界阻挠的双重夹击下停滞不前，更没有一蹶不振。诺贝尔用亲身实例展示了在挫折面前自我认识的重要性，即要认识自己的能力，相信自己，肯定自己具有克服困难与挫折的能力，增强战胜挫折的信心和勇气，将有利于我们克服挫折。当面对挫折时，认识到自己所具有的力量，相信自己，并用坚定的信念面对挫折，一切又会充满希望和转机。请记住诺贝尔所说的话："坚韧不拔的勇气是实现目标过程中不可缺少的条件！"

故事 2 马云的故事

马云，著名企业家，阿里巴巴集团的创始人，是无数草根创业者心中的神，令人崇拜。其实，马云从来都不是神，只是一个普通的人，曾经过着平淡的生活，也经历过挫折。正是经历那些看似无法抗拒的挫折，一步一步地挺了过来，才造就了现在的马云。

第一次高考，他失败了。虽然马云的英语成绩在同龄人中显得出奇地好，然而，他的数学成绩却实在太差，只得了1分。高考失败之后，他当过秘书、搬运工，踩着三轮车帮人家送书。一次在送书过程中，他无意间看到一本著名作家路遥的名为《人生》的小说。小说的主人公农村知识青年高加林的曲折人生路给马云带来了许多感悟。从故事中，马云认识到挫折是人生的常态，"人生不如意事十有八九"，领悟到人生的道路既漫长又艰难，生活道路是如此的曲折、复杂，没有一个人的道路是笔直的、没有岔道的，但人生的关键处往往只有那几步，人们应该坦然地面对。于是，马云下定决心参加第二次高考。

虽然马云很努力，然而，数学考了19分，总分离录取线差140分，第二次高考依然失利。马云不得不面对重新跌落到原点的现实。家里人都不希望他继续参加高考了。电视剧《排球女将》中所展现出来的永不言败的精神又激励了马云。他认为挫折是暂时的，应该和挫折对抗到底。因此，马云毅然开始了第三次高考的复习准备。马云白天上班，晚上念夜校。周末特地早起赶到浙江大学图书馆读书，为的就是要激励自己好好学习。最终，皇天不负苦心人。历经千辛万苦的马云终于考上了大学。

高考失利是很大的挫折，而连续经历高考的失利，还能坚持下去，是很勇敢的行为，这些经历会成为生命旅程中宝贵的精神财富。

评论：马云参加高考屡败屡战，每次失利对他都是一种挫败，但这些挫败没有把他击倒。和每个普通人一样他也会产生挫败感，不同的是面对挫折情境，他看到的是挫折存在的普遍性以及自身的力量。因此，当挫折一次又一次出现在面前时，他选择的是坚持与之对抗，他用自己的行动证明人具有对抗挫折的能力，挫折不会只出现一次，我们无法预知挫折何时出现，但我们具有能动性，可以选择与之抗争并坚持下去，也许下一刻就是转机。做任何事情，都可能会碰到挫折与失败，转变对挫折的态度，相信自己的力量，坚持下去，永不放弃，就一定能够战胜挫折，一定能够成功！

故事 3 海伦·凯勒的故事

海伦·凯勒（Helen Keller）女士是著名的美国作家。她著名著作之一就是《假如给我三天光明》。

海伦·凯勒出生第二年，因患急性脑充血而被夺去视力和听力。从此再也看不到光明，也听不到声音。

面对如此大的巨变，海伦·凯勒的性情大变，她的脾气变得越来越暴躁，动不动就会发脾气、摔东西。家人不希望她一直这样下去，觉得应该帮她做出改变。1887年，家人替她请来一位很有耐心的家庭教师——安妮·莎莉文小姐。两人很投缘，相处得很融洽。海伦·凯勒在莎莉文小姐的教育下，慢慢地发生了改变。她利用自己的触觉、味觉和嗅觉认知四周的环境，努力充实自己。通过刻苦的学习，海伦·凯勒突破了识字关、语言关、写作关；先后学会了英文、法文、德文、拉丁文、希腊文五种文字；1899年，考入哈佛大学拉德克利夫女子学院；先后出版了14本书；1964年荣获"总统自由勋章"；1965年，她被美国《时代周刊》评选为"20世纪美国十大偶像"之一。

评论：人生最难以抗拒的挫折，莫过于天生的肢体不健全。人因病而看不到、听不到、说不出，无疑会给人生造成许多麻烦与障碍。海伦·凯勒把失明当作一种挫折的时候，感受到的是压力、痛苦、惆怅，结果导致她乱发脾气、抱怨生活，让她不能真正地面对生活。然而，当她把挫折看成是另一种别样的生活，展示坚强、乐观、向上的精神时，生活就开启了新的篇章。人生最大的挫折，不在于先天的创伤，而在于自己放弃了未来、放弃了希望。因此，无论我们处于优越的还是恶劣的环境下，都要不断努力。

案例故事

案例 1 吕轶的故事[①]

吕轶，一名毕业于天津工业大学人力资源管理专业的学生。在大学毕业前，同学都在忙于找工作，而吕轶却忙着每天考察项目。当时，有一个牌子

---

① http://www.sohu.com/a/23563845_119744

的西点产品卖得很火,在天津很受人们欢迎。他经过考察,决定加盟这个品牌。在获悉总店地址后,吕轶与合伙人直奔西点总店商谈加盟的事。结果没有十分钟,就让人家礼送出来,没见到主要负责人,对方也不同意让其加盟。

第一次被拒之后,吕轶没有退缩,反而来了犟劲,下定决心一定要谈下来。跑第二次、第三次,当跑到第四次时,吕轶成功地加盟此品牌。加盟确定了,店址也选好了,可是合伙人却提出要撤资。然而,吕轶没有多余的资金补上资金缺口。吕轶的第一次创业夭折了。

初次创业的失败让吕轶认识到:"热情很重要,但是没有资本和经验,创业会难上加难。"失败的经历让吕轶格外关注经验的积累和融资渠道。后来,吕轶在南开读了 MBA,眼界大开,知识大涨。吕轶看好了人才中介服务的巨大商机。2014 年 2 月,吕轶和几个合伙人一起在开发区注册了极猎信息技术(天津)股份有限公司。

在公司成立之初,为了省钱,吕轶租了一间只有十几平方米的办公室。从搭建网站到拓展业务都是吕轶一个人在做,每周工作七天,每天工作 14~16 个小时。没有争取到融资,后续资金又没有着落,有许多商谈的业务,却没有款项进账。最难的一段时间,公司账面上的资金只够维持一个月的运转。此时,吕轶已经做好了要卖掉自己汽车的准备。他说:"最坏的结果就是人走光,我一个人接着干。"后来,公司谈下了新业务,有了进账,才渡过难关。吕轶说:"创业的过程中随时都会有你预测不到的情况发生,作为冲在最前面的那个人,除了要有健康的身体还要有强大的意志。公司刚起步,再难我也会坚持走下去。"

评论:挫折面前有人选择退缩,有人被激励,故事中的吕轶就是越挫越勇的人。挫折给了吕轶力量,激发了他的斗志,让他一次又一次尝试,一步一步接近成功。正如吕轶所说:"创业路上不只有风光,更多的是打拼的苦涩,但只有坚守,才能看到成功的曙光。"面对挫折,可以采取不同的态度应对。陷入挫折的失落之中,就会变得恐惧,难以前行;只有直面挫折,才能激发战胜困难的勇气,才可能战胜挫折。

案例 2　小王同学的故事[①]

王某,女,19 岁,2007 级学生。王某入学时的成绩比较好,性格比较

---

① 曾春霞,余创林. 大学生挫折教育案例探析 [J]. 文教资料,2009 (12):229-230.

外向。开学不久,王某曾向辅导员老师透露其家庭经济状况较差,希望能够得到学校的帮助。由于王某比较胆小害羞,在参加各种社团竞选活动中屡屡受挫,很是失落。以前在中学因为成绩很好,深得老师器重和同学们的信任。进入大学后看着其他同学的积极表现,对自己的能力和信心产生了怀疑,再加上家庭经济状况较差,所带来的压力和挫折导致王某不能在校正常的学习和生活,甚至有时会产生幻觉。

王某由于经常情绪不稳定,导致身体状况出现问题,几次晕倒在教室和宿舍楼道,送往医院并做了全面的检查,但结果显示王某身体上没有出现异常,被医生诊断为癔症。

评论:挫折是把双刃剑,具有双重性质。在积极方面,充分利用挫折可以锻炼人的意志,使挫折变为成功的助推力。在消极方面,如果被挫折蒙蔽,则会使人失望、痛苦、沮丧,甚至是意志消沉而不思进取,严重的可能会导致出现心理疾病,甚至出现极端行为伤害自己或者伤害他人。因此,要正确认识挫折,培养面对挫折的耐受力,并合理处理挫折带来的影响,以减少对自己和对他人造成的伤害。

心理学实验

实验1 习得性无助实验

习得性无助(Learned helplessness)是由美国心理学家塞利格曼在1967年研究动物时提出的观点。这一实验深刻揭示了长期挫折对个体心理的负面效应。

塞利格曼用了24条狗做了这项经典实验。他把狗固定在笼子中的吊床里,在笼子边上安装了一个扩音器。狗被随机地分为三组,第一组是无束缚控制组,只固定在吊床里并不给予电击;第二组是可逃脱组(能通过鼻子压一个鞍垫而避免周期性电击的发生);第三组是不可逃脱组(无助组),没有任何办法可以停止电击。第三组与第二组的狗一一配对,两组均被单独安置,两组接受相同的电击分量与次数。但不可逃脱行为不能停止电击,可逃脱组用鼻子压鞍垫盘子,可以停止电击。90秒的时间内接受64次电击。24小时后,三组狗在实验结束后接受穿梭箱实验测试。

穿梭箱分成两个小室空间,中间由一个低隔板分开,小室的地面布满金属隔栅,由此给狗脚以电击。电击前,会先发出短的声音信号。如果狗10秒钟之内跳过隔板,可以完全避免电击。否则,将持续遭受电击直到跳过隔板,或者持续60秒电击结束。通常情况下,狗会形成回避性条件反射,就是经过几次试验后便能学会越过栅栏。共进行10次实验。

结果发现,在64次电击的过程中,可逃脱组的狗很快学会了终止电击的方法;而不可逃脱组的挤压鞍垫行为在30次尝试后便完全停止了。在进行的穿梭箱全部实验中,可逃脱组与控制组的狗逃脱电击所用时间平均很短,不存在显著性差异,而不可逃脱组则显著长于可逃脱组与控制组。从能否跳过隔板避免电击的比率看,可逃脱组与不可逃脱组也存在非常显著的差异。不可逃脱组中有6只狗(共8只狗)在每次尝试中都失败了。7天后,再将6只狗放进穿梭箱进行实验,结果,还有5只狗没能逃脱电击。

塞利格曼在分析研究结果之后,认为控制因素导致了两组狗在穿梭箱中学习逃避电击时表现出明显的不同。受吊床试验的影响,不可逃脱组没有像可逃脱组那样,在前一阶段的训练中,没有学会行为与电击终结的关系。因此,它们不会主动尝试逃脱,只能坐以待"电"。不可逃脱组的狗显露出了明显的情绪变化,包括恐慌和焦虑行为。当它们被放进穿梭箱时,畏缩在箱子的一端,被动地忍受电击。

塞利格曼对人类受试者也进行了类似的实验,结果发现了比较一致的结果。后来,有许多研究者进行了不同的实验,都证明了这种习得性无助在人身上也会发生。

评论:开始电击时狗还试图跳跃和挣扎,当反复尝试无效之后,狗便放弃挣扎,之后即使撤掉电击,狗也不再挣扎。挫折中的人何尝又不是这样,试图挣扎和跨越挫折,但是一次又一次的失败击破了受挫者的心理防线,也许下一次尝试就能战胜挫折,可却不敢再次尝试,因为已失去了战胜挫折的勇气。如果一个人觉察到自己的行为不可能达到特定的目标,或没有成功的可能性时,就会产生一种无能为力或自暴自弃的心理状态,具体表现为认知缺失、动机水平下降、情绪不适应等心理现象。当然,人有主观能动性,能够对客观环境和主体因素进行分析,对自己行为失败的结果进行归因。当一个人将不可控制的消极事件或失败结果归因于自身的智力、能力的时候,一种弥散的、无助的和抑郁的状态就会出现,自我评价就会降低,动机也减弱到最低水平,无助感也由此产生。该实验让我们看到由挫折引发的无助感将阻碍我们战胜挫折,其实我们有克服挫折的机会,这个机会就是我们应持之以恒地与挫折对抗下去。

实验2 "剥夺睡眠"的实验

美国耶鲁大学社会心理学家 J. 多拉德等人提出挫折—攻击理论,该理论认为,攻击行为往往是挫折的结果。更准确的说法是,挫折的存在是攻击性行为发生的先决条件。同样,挫折的存在也总是导致某些形式的攻击行为。为了验证这个理论,1940年,多拉德等人做了一项"剥夺睡眠"的实验。他们邀请6名耶鲁大学男生作为被试,参加"剥夺睡眠"的实验。要求他们连续24小时不能睡觉,而且不准他们自由行动,不给早点吃,等等。用这些要求引起他们的挫折反应。结果发现,被试们采用不友好的语调相互交谈,还会在言语上进行攻击。1972年,D. S. 霍姆斯也进行了一次类似的实验。他要求所有被试准时到达指定地点。然而,被试中有一个是他的助手,这位假装的被试故意迟到,致使其他人长时间等待。这样就造成其他被试的挫折反应。结果,因久久等待而已经感受到挫折的被试对迟到者表现了攻击行为。这两项实验都支持了挫折—攻击理论的观点。

评论:挫折—攻击理论认为,挫折总会导致某种形式的攻击。虽然这个理论把挫折与攻击的关系加以绝对化,但是众多的日常生活实践表明,人们在遭受挫折之后,的确有可能发生攻击行为。无论攻击行为出现与否,挫折都会导致攻击的情绪准备状态,即愤怒。因此,对于挫折的处理需要小心谨慎。

团体辅导活动方案

一、整体活动安排

活动	主题	活动目标	活动内容
1	挫折与人生	了解挫折是一种情绪反应,每个人都会遇到挫折	1. 相识接龙 2. 抱团取暖 3. 我的挫折故事 4. 介绍或商定团体契约 5. 感恩挫折

续表

活动	主题	活动目标	活动内容
2	认识挫折	认识挫折的短暂性、双重性和客观性	1. 同舟共济 2. 重塑自我 3. 逆风飞扬 4. 分享感受 5. 我的梦想
3	挫折产生	探讨挫折产生的五个有关因素：动机、行为、情境、认知、反应。挫折的原因解释	1. 冥想练习 2. 你的挫折 3. 生活困境 4. 挫折分析 5. 解开心结
4	挫折反应	挫折反应包括生理反应、心理反应和外显反应。通过团体互动缓解压力	1. 信任圈 2. 挫折大家谈 3. 我的防御机制 4. 战胜挫折 5. 感恩挫折
5	挫折处方	了解防御机制及其作用，合理使用心理防御机制	1. 信任跌倒 2. 挫折处方 3. 辩论：挫折利弊之我见 4. 转败为胜 5. 合唱：光阴的故事
6	逆风飞扬	学习挫折的应对策略，建立支持系统与掌握调适方法，主动寻求专业的帮助	1. 美丽青春 2. 独特的我 3. 十年后的我 4. 挫折这堵墙 5. 合唱：阳光总在风雨后

二、具体活动方案

活动1　挫折与人生

活动目的	活动流程
热身，消除成员的陌生感	1. 相识接龙 成员围成大圈，给相识接龙中最后的赢家（龙头）一个做偶像的机会，让其表演一个自己的经典动作，其他成员依次模仿这个动作，而且必须有所创新
热身，让成员通过游戏和身体接触减少陌生感，同时体会团体对个人的重要性，增强团体的凝聚力	2. 抱团取暖 开始时让全体成员围圈手拉手，充分体会大家在一起的感觉。然后组织者说"变，4个人一组"，成员必须按照要求重新组成4人组，形成新的"家"。或者再说别的数字，成员按规定数字再组成新的"家"……请那些没有找到"家"的人谈谈游离在团体之外的感受，大多会谈到失落、挫败、抑郁、焦虑、绝望等。也可以请团体成员分享和大家在一起的感觉，大多会表达温暖、有力量、安全、幸福等。组织者可以多次变换人数，让成员有机会改变自己的行为，积极融入团体，体验有家的感觉，体验团体的支持，从而更加愿意与团体在一起
让成员彼此相识，建立互动关系，并进一步扩大交往范围，引发个人参与团体的兴致，让成员加深了解	3. 我的挫折故事 每个人做自我介绍，并回答：①介绍自己受到的一次挫折；②自己当时的情绪如何？③是什么原因造成挫折的（挫折可来自家庭、学习、生活、人际关系、自我尊重等方面）
为保证团体正常发挥功能，实现团体组织者与成员的尊重与配合，建立团体成员共同遵守的规范	4. 介绍和商定团体契约 每个小组一张A4白纸，让小组成员共同讨论班级辅导规范，并在规定的时间内（5分钟）尽可能多地写出辅导契约，最后组织者请每个组的代表宣读本组的规范，并强调保密、守时、尊重、接纳、不评价等基本原则。团体契约建立后请每位成员在契约上签下自己的名字
认知挫折，促进积极自我形象	5. 感恩挫折 在一张白纸上描绘"困境中的我"，写下当时的情绪，现在的情绪，并将作业纸随机发给每位成员一张，让各成员猜测该作业纸的主人是谁，并说说自己对此挫折的看法，主人对其回应并解释

活动 2　认识挫折

活动目的	活动流程
集思广益，团体合作，创新思维，努力尝试，增进团体凝聚力，突破困境	1. 同舟共济 每人一张大报纸，可视为大海中的一条船，每组 8 人 练习开始时，组织者要求将报纸铺在地上，代表汪洋中的一条船。然后，要求 8 人同时站在船上，一个也不能少，必须同生死共命运。随后让成员们想方设法，使全体成员同时登上船。行动之前团体可以充分讨论，拿出最佳方案。成员同心协力、集思广益，采用人拉人、人背人、叠罗汉等方法，体现团体的合作。当成功完成任务后，组织者可以要求将面积减半，继续实验，完成后可以继续将面积减半。随着难度增加，成员的努力也会越来越加强，团体凝聚力空前提高。练习的过程中成员会忽略性别、年龄等因素，全组一条心，练习的结果常出乎成员的想象。成员创造性地发挥全组智慧，也充分体会到团结合作的力量
帮助成员了解自我，了解他人	2. 重塑自我 分享第一次活动之后的作业"困境中的我"，并完成"我的素描"：我最喜欢的、最擅长的、最重视的、最强大的分别是什么？然后分小组（7~8 人）讨论个人的困境和应对措施，轮流分享"困境中的我"，然后再轮流分享"我的素描"。最后各小组派代表在大组分享。成员可能会发现每个人都是独特的，有不同的价值观，同时也有共性的东西；而每个人都有困境和希望，困境不可怕，在挫折之中，困境和希望并存
通过阅读向成员传达自信自爱的生活态度	3. 逆风飞扬 给每人发一份阅读材料"塑造成功的自我形象"，可以让大家一人读一句。树立面对逆境的信心和希望
接受帮助和鼓励，树立信心	4. 分享感受 请成员仔细聆听他人的建议，然后大组分享感受。成员在活动中建立信任，分享快乐与苦恼。成员在活动中发现自己在生活中的挫折其他人也有，大家相互帮助，想办法积极应对，团体气氛温暖、融洽。大家相互借鉴，彼此督促，从而加强责任感，改变自己不适应的行为

续表

活动目的	活动流程
利用团体气氛鞭策成员，增强其心理动力	5. 我的梦想 先播放大家熟悉的歌曲，组织者利用此时间对本次活动进行总结：人生总会面临许多挫折，要承受挫折，首先，要正确认识挫折，挫折是前进中的暂时跌倒，作为现实的人，必须前进。其次，在挫折中，失望与希望并存。再次，挫折具有双重性，既可以培养人的坚强意志，引导人总结经验、吸取教训，使自己得到完善和提高。同时，挫折又可使人消沉，情绪低落，甚至诱发身心疾病。因此，正确应对挫折有助于发挥挫折的积极作用，防止和克服其消极作用。最后，挫折是客观存在的，关键在于我们怎样去认识它和对待它，如果有了正确的挫折观，做好充分的心理准备，认识到挫折是人生不可避免的一部分，并且敢于正确地面对挫折，敢于向挫折挑战，就能把挫折当作进步的阶梯、成功的起点，从而不断取得进步

活动3 挫折产生

活动目的	活动流程
减压、放松身心	1. 冥想练习 请大家坐在椅子上，尽可能地放松，闭上眼睛，深深地呼吸。"在吸气的时候，想象大自然的阳光、新鲜的空气、愉快的心情，通过呼吸吸入体内。在呼气的时候，想象把疲劳、不愉快的心情、身体上的疼痛通过呼气排出体外。你会觉得越来越轻松，越来越自然，越来越平静。继续调整呼吸，让自己平静下来，接着想象自己离开会议室，来到大海边，大海非常辽阔，蓝天白云，海鸥飞翔。站在海边，吹着海风，让海水拍打着你的脚面。凉爽、细腻、自然、轻松，把长期积累的疲劳、不愉快的心情，装在小瓶子里面，扔得远远的，让它远离我们。留下的是轻松、愉快、满足和希望。请你继续享受海边美好的景象。然后想象告别大海，回到会议室，坐在自己的小组里，继续保持放松、自然、宁静、舒服、惬意的感觉。数到3的时候，再慢慢地睁开眼睛"
了解自身有哪些挫折	2. 你的挫折 想一下，凭你的直觉填。 你所面临的主要挫折有哪些？请按挫折事件的大小顺序，在空白纸上写下五种

续表

活动目的	活动流程
促进大家群策群力，思考和总结应对挫折的方法，同时增强团体凝聚力	3. 生活困境 准备 A4 白纸若干张。发给每组一张白纸，给大家 10 分钟头脑风暴的时间，让每个组的成员充分讨论，写出尽可能多的应对前面挫折的办法。最后每个组派一名代表在大组分享，看哪个组想到的办法多
进一步了解自身挫折，并对产生原因进行分析	4. 挫折分析 造成挫折的原因是多方面和复杂的，挫折的形成与自然环境、社会环境、自身条件及个人动机冲突等因素有关。请在一张白纸上，分别从环境、个人和内在的动机冲突等方面进行分析，并小组讨论哪些是能改变的，哪些是不能改变的
团体合作，靠集体的力量解决困难，体会团队支持对个人的意义和重要性	5. 解开心结 成员按照每 5~10 人一组分成若干小组。让每组成员手拉手围成一个圆圈，同时看清楚并记住自己的左右手分别拉住了谁的手。待确认后松开手，成员在圈内自由走动。当组织者喊停时，所有成员定格在原地不动，伸出手去拉最初站在自己身边人的左手或右手，从而形成许多结。成员不能松手，但可以钻、跨、绕。要求成员设法解决难题，恢复到第一次拉手时的状态。练习需要成员有耐心，互相配合，齐心协力。当困难排除、问题解决之后，请成员分享活动的感受。成员常会主动谈出对团体互助的感受，体会和确认团体合作的重要性

活动 4　挫折反应

活动目的	活动流程
热身，提高团体的凝聚力，拉近成员的心理距离，为分享和讨论活动创造氛围	1. 信任圈 全体成员围成圆圈向内站好。相隔的成员将手臂搭在旁边成员的肩上，将左右两边与自己相邻的成员架起。要求：被架起的成员必须做到双脚离开地面。保持这种形态不变，整个团体转动一整圈，然后互换角色，支撑的成员变为架起的成员，再次体验一遍。适当分享感受

续表

活动目的	活动流程
让成员觉察自己遭遇挫折后所产生的负性情绪，与大家分享	2. 挫折大家谈 让成员围成一个大圈，在白纸上写出"我的挫折"，写出最近遭遇的三件比较困扰自己的事情，最多写三件；在每件事情上画出相应的表情，表示这件事引起的情绪。在"我思我想"部分针对每件事挖掘情绪背后的认知，写出引起这种情绪的想法和观点。大家都写好后，以自由发言的形式邀请一些成员在大组内分享。主要依据填写的内容，讲讲最近都遭遇了哪些挫折，引起的情绪是什么，情绪背后的想法是什么
帮助成员认识自身面对挫折时所产生的防御机制，分辨哪些是积极的防御机制，哪些是消极的防御机制	3. 我的防御机制 组织者解释当人遭遇挫折时，心理上有所感受，生理上有所反应，行为也会受到影响。这种感受和反应在不同人的身上是不同的，因为人们对挫折的承受能力是不同的。作为应对挫折的方式，人会有意无意地摆脱心理压力，减轻精神痛苦，恢复正常情绪和心理平衡，这种自我调节和自我保护的方法称为挫折的防御机制。成员回忆遭遇挫折时所产生的挫折反应有哪些，并将其写在白纸上。 (1) 生理反应：如面色苍白、四肢发冷、心悸、气急、腹胀 (2) 心理反应：如攻击、焦虑、妥协、寻觅支持、盘算问题解决 (3) 外显行为：如非理智对抗（冷漠、固着、逃避、退行），缺乏安全感（多疑、敏感），牢骚，埋怨，工作效率低，优柔寡断，依赖性，反应不当
探索自身挫折应对方式，识别哪些是积极应对，哪些是消极应对，并学会将消极应对方式转化为积极应对方式	4. 战胜挫折 一般情况下，当你面对挫折的时候，你是怎样应对挫折的？至少三种方法。把它写出来，并阐述效果如何
让成员理性地分析挫折带给自己的优势和劣势，学会用接纳和感恩的态度面对挫折	5. 感恩挫折 让成员写"感恩挫折"的习作：挫折虽让我失去了……但挫折让我得到了……失去的如何补救挽回？我感谢挫折，因为……得到的怎样去珍惜？在小组内分享，最后组织者引导大家在大组内交流。不仅要梳理出挫折带来的优势和劣势，更要分析发扬优势、克服劣势的具体方法，要注意强调感恩的态度

活动 5 挫折处方

活动目的	活动流程
活跃团体气氛，增进团体信任和凝聚力	1. 信任跌倒 每组围圈，邀请一位成员到圈中间，其他成员手拉手围圈。练习开始时，圈内人闭上眼睛，自发舒适地倒向任何一方，其他成员必须手拉手，形成保护圈给予保护，不能让圈内人摔倒。他往哪儿倒，哪儿就接住他，给予保护，并将他再次推到中间位置。如此倒下、接住，使中间成员从紧张到很放松。可以换人到圈内去体验
合理运用防御机制可以有效舒缓情绪上的痛苦，提高对挫折的承受能力，为人们最终战胜挫折提供条件，特别是积极防御机制的运用，可以促使人们面对现实，积极进取，战胜挫折，获得进一步的发展	2. 挫折处方 成员 3~5 人一组，请组中一位成员写出自己目前遇到的挫折 以小组为单位讨论，为这位成员找到应对挫折的有效方法，时间为 3 分钟 每小组选派一位发言人向大家汇报讨论结果，先讲他遇到了哪些挫折，然后给他提出解决的办法
帮助成员了解自己的压力源及压力反应	3. 辩论：挫折利弊之我见 成员按照 4~6 人一组分成若干小组 正方：挫折对人有利 反方：挫折对人不利 （全体成员分成两大组，每组推选出 4 名代表进行辩论） 提示：挫折具有两面性，既具有给人打击、使人痛苦消极的一面；也具有使人奋进、成熟，从中得到锻炼的积极的一面。生活中的挫折和磨难并不都是坏事。平静、安逸、舒适的生活，往往使人安于现状和享受；挫折和磨难，却使人受到磨炼和考验，变得更加成熟和坚强。人总是需要不断前进的，只有前进中才需要抗争，才需要拼搏，才需要用理性的利剑去披荆斩棘，才能在实践中完善自身。我们在总结经验教训时，应着重考虑确定的奋斗目标是否恰当，实施的途径和方法是否正确，造成挫折的原因来自何处，转败为胜的办法在哪里

续表

活动目的	活动流程
学习挫折应对管理策略	4. 转败为胜 树立正确的挫折观，制定恰当的个人目标，培养积极进取思维，积极投身实践，磨炼自己和积累经验，建立支持系统和掌握调适方法，并主动寻找专业的帮助； 让大家填写时间流水账练习纸，计算每天、每周在各种生活事件上所花费的时间，觉察自己的时间管理情况，与小组分享，思考节约时间的方法； 然后制定个人短期应对挫折的目标，比如英语考试需要达到四级，制订阶段计划和具体的学习目标及管理办法
活跃团体气氛，增进团体信任和凝聚力，在积极良好的氛围中结束团体辅导	5. 合唱《光阴的故事》（佟大为等） 组织者带领大家一起唱《光阴的故事》。体验团体的力量，尤其是在挫折后，面对生活的无助感、无力感，和他人在一起，可以形成新的支持系统，增强个人应对困境的能力

活动 6　逆风飞翔

活动目的	活动流程
让成员将眼光从未来收回到当下，规划未来生活	1. 美丽青春 让大家填写练习纸，并在小组内分享。需要填写几部分内容：大学阶段的中心目标，大学生活的各方面，现实生活规划的信念和行动。小组分享后每组派出代表在大组分享
学习发现别人的优点并欣赏之，促进成员的相互肯定和接纳	2. 独特的我 成员按小组围圈而坐。让每位成员轮流坐或站在圈中间，其他人轮流说出其优点及欣赏之处，尤其是面对挫折的应对策略。然后被称赞的人说出哪些优点是自己以前觉察的，哪些是不知道。每个成员到中间表达独特的我。结束时，大家心情愉快，相互接纳度提高
让成员进一步展望未来，思考理想	3. 十年后的我 请每位成员画一幅画——十年后的我，可以画上自己十年后的生活状态、事业、家庭的状况等，也可以配合文字说明。强调并不是要比赛画功，大家可以自由发挥 然后让成员围圈而坐，轮流向大家介绍自己的画。自由发言，不一定每个成员都要讲

续表

活动目的	活动流程
认知上再强化，强调对未来的应对	4. 挫折这堵墙 挫折是人生不可避免的考验，也正是这个考验，让我们看到很多以前看不到的自己，以前觉得理所当然的事情，使我们对人生和世界有了新的认识。如果挫折是一堵墙，你看到的这堵墙是怎样的，有多高，有多厚？ （1）用铅笔画出墙体和墙身 （2）选择喜欢的图形和文字，贴在这个墙上 （3）分享自己的故事 （4）装饰这堵墙，使之成为想要的样子 （5）分享
帮助成员强化挫折后重新开始的决心	5. 合唱：《阳光总在风雨后》（词曲：陈佳明） 成员握手、拥抱，集体告别

行动指南

理念指南

1. 人的一生总会遇到各种挫折。
2. 挫折是人生的常态。
3. 挫折并不见得没有希望。
4. 挫折中极有可能蕴含着希望。
5. 挫折总是存在于人生道路的某个地方。
6. 挫折能够彰显出人的本性。
7. 挫折是磨炼意志的好机会。
8. 挫折是人生的试金石。
9. 挫折是成功的奠基石。
10. 挫折可以防止沉沦。
11. 没有不可战胜的挫折。
12. 伟人都是战胜各种挫折的人。
13. 无畏的气概可以抵御挫折。

行为建议

1. 遇到挫折，退后一步去审视。
2. 保持冷静心态，情绪不为其干扰。
3. 客观分析挫折问题与原因。
4. 寻找战胜挫折的各类物质资源。
5. 制定战胜挫折的方案。
6. 寻求社会情感支持，疏解自身情绪。
7. 适当调整，重新设立目标。

重点推荐

推荐读物

1. 《挫折大学》

（美）拉尔夫·艾尔伯特·佩里特著，郦英华译，外语教学与研究出版，2016年版。

推荐理由： 作者拉尔夫·艾尔伯特·佩里特是一位牧师、作家、演说家和社会学家。他经常就成长、成功的话题进行大型演讲。他所写的《挫折大学》成为一部经典的励志作品，自出版以来多次再版，激励了无数正经历着挫折的人。作者采用轻松、生动的故事案例和深刻地分析向世人揭示一个道理：正是生活中的各种困难和障碍塑造了我们坚毅的性格，让我们的生活更加美好。通过阅读此书，可以更快、更早明白这样的道理，可以更好地理解与正视生活中的挫折。

2. 《恰到好处的挫折》

（美）格雷格·S. 里德著，王丽译，北京时代华文书局，2015年版。

推荐理由： 每个人的人生都充满各种挫折。面对挫折，有的人失去勇气，停下了脚步；有的人鼓起勇气，下定决心，或是迈了过去，或是开辟一条新路径，总之能够战胜挫折达到成功的彼岸。其中的原因在哪里呢？《恰到好处的挫折》汇集了时代的故事，通过作者的分析与解读，告诉我们真相：成功与挫折仅有一步之遥；之所以有些人能够成为伟大的人，关键在于个体能够放慢脚步、喘口气并以新视角去看待挫折，能够从挫折中找到机会。相信阅读完这本书，会明白意外是人生常态，应对意外的方式完全取决于我们自己，并因此决定我们的人生。

3.《挫折与攻击》

（美）约翰·多拉德、伦纳德·W. 杜布等著，邢雷雷译，中国人民大学出版社，2018年版。

推荐理由：美国心理学家、社会科学家约翰·多拉德等人提出一种理论，认为挫折与攻击具有内在的因果关系，攻击行为的产生总是以某种形式的挫折存在为先决条件。挫折在多大程度上能够引起攻击行为，往往取决于四个因素：反应受阻引起的驱动力水平；挫折的程度；挫折的累积效应；随着攻击反应而可能受到的惩罚程度。通过阅读本书，可以很好地了解挫折与攻击行为的关系。当然，此书比较适合心理专业人员阅读，普通人阅读会觉得有些枯燥。

4.《大学生挫折管理与辅导》

钟向阳编，北京师范大学出版社，2010年版。

推荐理由：生活总会有挫折来折磨我们，让我们去体悟生活中的不快、不如意，明白生活中的某个道理。如果一次没有明白，会接二连三地遇到挫折，直到成功了。大学生在大学期间会遇到各式各样的挫折。本书依据挫折发展的一般规律，以时间为轴，为大学生总结出挫折的内涵，列出挫折的理论，讲解挫折与防御、挫折与应对、挫折与健康、挫折自我调适、挫折与咨询、挫折与管理等10方面的内容。相信大学生阅读此书后，能够更加全面地认识挫折，合理利用挫折，将危机化为转机，将挫折化为转折。

5.《恰到好处的挫折》

牧之著，台海出版社，2010年版。

推荐理由：本书作者深入剖析了当个体在遭遇挫折时容易产生的各种心理困扰、心理不适症状，教会读者如何掌握自己的情绪，引导自己进行积极的心理调适。书中列出了许多应对挫折的技巧和方法。相信阅读此书后，大家会重新审视与挫折的关系，也许会把挫折当作朋友对待，认识到挫折是人生必经的历程，是迈向成功的必过之关。只要相信自己的力量，坚定信念，就能够战胜挫折，踏上成功的大道。

6.《自卑与超越》

（奥）阿尔弗雷德·阿德勒著，马晓娜译，吉林出版集团有限责任公司，2015年版。

推荐理由：《自卑与超越》是现代社会人类必读的个体心理学经典。作者阿尔弗雷德·阿德勒是一位身陷自卑的人。他在幼年时期患上了佝偻病，看上去又矮又丑。身体缺陷导致他无法进行剧烈的体育活动。上学时的表现不佳，被人认为长大后顶多只能成为鞋匠。生活对他有些残酷。然而，他克服自卑心理，化自卑为动力，不断超越自己，最终成为心理学界研究自卑的大家。阅读此书，每个人都能够对自卑有更多的认识，每个人都不会轻易被眼前的困境束缚，而是能够做到勇于突破，大胆创造属于自己的生活。

7. 《少有人走的路》

（美）M. 斯科特·派克著，于海生译，吉林文史出版社，2007年版。

推荐理由：M. 斯科特·派克是位著名的心理治疗大师。本书的开篇讲道：人生苦难重重。的确，人生是一个充满各种问题、面对各种问题、解决各种问题的过程。在这条艰苦的人生道路上，面对和解决问题都会给人生带来不同程度的痛苦。视而不见、拖拉、懒惰、逃避都不能解决问题。本书的作者运用传统心理分析方法，帮助人们灵活地解决人生的冲突和难题。相信阅读过此书后，每个人都能够找到消除自己人生痛苦的重要方法。

8. 《恢复力：面对突如其来的挫折，你该如何应对?》

（美）安德鲁·佐利、安·玛丽·赫利著，鞠玮婕译，中信出版社，2013年版。

推荐理由：挫折非常考验一个人的承受能力，承受不住就会导致崩溃。如何避免崩溃，如何从崩溃中恢复过来，对于个体来说非常重要。本书的作者综合了当下最新的科学研究结果，结合全世界各地的案例故事，用一种全新的视角、全新的思路，向读者讲述如何重建一个更具恢复力的新世界。包括如何在崩溃状况下进行结构重组，如何提高自身心理承受能力，等等。面对巨大的崩溃情境或压力，我们的确很难做到不让其发生，但我们可以学会如何应对崩溃，运用恢复力帮助我们迅速恢复活力与最佳状态。

推荐电影

1. 《阿甘正传》

1994年，美国，导演：罗伯特·泽米吉斯，主演：汤姆·汉克斯、罗宾·怀特，等。

推荐理由：幼年的阿甘腿有残疾，被迫套上一个笨重的铁架以辅助行走。他的智商只有75分，所以不得不进入特殊学校。这样一位先天不足的人，却成为橄榄球健将，成为越战英雄，受到总统接见，成为虾船船长，跑遍美国……阿甘的成就是许多身体健康、智力正常的人终其一生也难以企及的高度。然而，他却做到了，这不仅是"傻人有傻福"的问题，更是阿甘对待挫折的态度问题。每个人的人生都会出现困难重重的局面，只要我们在每个阶段都给自己树立不同的目标，并且踏实地、坚持不懈地奋斗下去，目标一定会达成。不能达到，又能怎么样呢？我们最应该向阿甘学习的，就是他那种与岁月、生命和历史一起行走的态度。

2. 《叫我第一名》

2008 年，美国，导演：彼得·沃纳，编剧：托马斯克里曼，主演：吉米·沃尔克、特里特·威廉斯等。

推荐理由：这部电影改编自布莱德·科恩与丽莎·维索基合著的同名小说。主人公布莱德患有先天性的妥瑞氏症。这是一种严重的痉挛疾病，病症的具体表现是当事人自己不受控制地扭动脖子和发出怪声。由于这些怪异行为的存在，导致布莱德从小就不被周围的人理解，被视为怪物，经常受到冷嘲热讽。后来，在一次全校大会上，校长巧妙地让大家了解了事情的真相，并让他表达出个人的想法。受到校长的激励，布莱德立志要成为一名教师。历经重重磨难，最终他在一所学校当上了老师。生活中的困难挫折谁都会遇到，谁都能够去解决它，只要保持乐观的心态，不要害怕生活所给予的挫折，要感谢它们，因为这些挫折让我们学会坚强。

3. 《李宗伟：败者为王》

2018 年，马来西亚，导演：马逸腾，编剧：马逸腾、方思庭，主演：李国煌、杨雁雁、拿督·罗斯彦·诺等。

推荐理由：李宗伟是马来西亚的羽毛球名将，电影根据他真实的成长经历改编。他从小就喜欢羽毛球，然而，一方面家境贫困；另一方面受到父亲的强烈反对（因为父亲有着惨痛的经历）。因此，打羽毛球成为李宗伟的一种奢望。然而，出于对羽毛球的热爱，他背着家人偷偷练球，还被人利用参加地下赌场的赌博。李宗伟所做的一切终于感动了父亲，也遇到了自己的良师。于是他开始了正规的羽毛球训练，进入正规的球队，最终入选国家队。在国家队中，他的打法不入流，各种打击接踵而来，队友排挤、落选、失恋，在国际大赛中遇到劲敌，频频落败。背负着重重压力的李宗伟没有放弃，依然勇敢走向赛场，面对强大对手。

4. 《铁拳》（Southpaw）

2015 年，美国，导演：安东尼·福奎阿，主演：杰克·吉伦哈尔、瑞秋·麦克亚当斯等。

推荐理由： 影片讲述的是一位职业拳击手比利·霍普（杰克·吉伦哈尔饰）的故事。比利是一位知名的拳击手，在一次新闻发布会上，另一位拳击手对其进行挑衅，使用侮辱性的语言攻击他及其家人。比利不顾妻子的劝阻，与挑衅者发生了强烈的肢体冲突。在打斗过程中，妻子被枪击身亡。爱妻死亡，入不敷出，女儿被福利机构领走，一系列打击致使其在经济上一无所有，在情感上失去女儿。为了赢得女儿，比利重新开始，重新寻找教练，变换训练理念与方式，最终重回拳坛，赢得亲情。对家人的爱也许正是许多人能够超越各种困难的核心动力。

5.《百万美元宝贝》（Million Dollar Baby）

2004年，美国，导演：克林特·伊斯特伍德，主演：希拉里·斯万科、克林特·伊斯特伍德等。

推荐理由： 出身贫寒的玛吉（希拉里·斯万科饰）一无所有，做着低贱的工作，得不到任何的温暖与爱，但她是一个意志坚定、目标明确的女人。向世人证明自己实力的强烈愿望促使她走进了法兰基（克林特·伊斯特伍德饰）的拳馆。危机感和紧迫感不断地冲击着玛吉，但是她通过艰苦的训练，终于摘得桂冠。影片中许多画外音，用平实、精确的言辞道出了许多真谛，这些发人沉思的话不仅适用在拳台上，更适合人生。

6.《面对巨人》（Facing The Giants）

2006年，美国，导演：亚历克斯·肯德里克，主演：詹姆斯·布莱克威尔等。

推荐理由： 影片讲述的是一位橄榄球教练泰勒的故事。在生活上，他与妻子一直没能生育，医生的检查结论显示原因在于他自己；在事业上，在他六年教练生涯中，泰勒从未在赛季中获胜，球队中最优秀的球员离开，队员人心涣散，家长希望解雇教练。一系列的生活、工作压力相继而来，几乎使他失去了信心。然而，最终他带领球队打入决赛。他是如何重拾信心、如何战胜困难的呢？相信看过影片之后，将会给大家带来启发。

附录：挫折自评量表

挫折自评量表

本评定量表共有60个题目，列出了每个人都可能遇到的挫折情境，请仔细阅读每个题目，然后根据自己的实际感受，选择一个与你的情况最符合的答案，采用六级评分，其中0代表从来没有，5代表极其严重。在分数栏 0~5 适当的分数下画"√"。请不要有所顾忌，应该根据自己的真实体验和实际情况回答，不要花费太多的时间去思考，应顺其自然，根据第一印象做出判断。

项目	分值					
1. 自己不讨人喜欢	0	1	2	3	4	5
2. 向人请教问题却遭拒绝	0	1	2	3	4	5
3. 曾经受过处分	0	1	2	3	4	5
4. 与父母关系不和	0	1	2	3	4	5
5. 亲友患重病	0	1	2	3	4	5
6. 听不懂老师讲课	0	1	2	3	4	5
7. 没达到预期的优等成绩	0	1	2	3	4	5
8. 老师讲课很乏味	0	1	2	3	4	5
9. 没钱参与同学的生日聚会等活动	0	1	2	3	4	5
10. 没考入理想中的学校	0	1	2	3	4	5
11. 东西被盗	0	1	2	3	4	5
12. 对学校食堂不满意	0	1	2	3	4	5
13. 远离家人不能团聚	0	1	2	3	4	5
14. 自己感到孤独无助	0	1	2	3	4	5
15. 被人误会或错怪	0	1	2	3	4	5
16. 曾经被迫休学	0	1	2	3	4	5
17. 父母感情不和	0	1	2	3	4	5
18. 本人患重病	0	1	2	3	4	5
19. 学习成绩不理想	0	1	2	3	4	5
20. 干部选举落选	0	1	2	3	4	5
21. 没有满意的学习方法	0	1	2	3	4	5
22. 个人经济紧张	0	1	2	3	4	5
23. 不能适应高中的课程	0	1	2	3	4	5
24. 自己丢失了东西	0	1	2	3	4	5
25. 食欲不好或者吃不饱	0	1	2	3	4	5
26. 恋家恋亲情绪	0	1	2	3	4	5

续表

项目	分值					
27. 和同学相比感到自己比较平庸	0	1	2	3	4	5
28. 没有人能理解自己	0	1	2	3	4	5
29. 因早恋受老师或父母批评	0	1	2	3	4	5
30. 遭父母打骂	0	1	2	3	4	5
31. 得不到足够的睡眠	0	1	2	3	4	5
32. 总是记不住东西	0	1	2	3	4	5
33. 受到他人批评	0	1	2	3	4	5
34. 没有好的学习环境	0	1	2	3	4	5
35. 没钱交学费	0	1	2	3	4	5
36. 不能适应寝室生活	0	1	2	3	4	5
37. 暗恋对方却无法表达	0	1	2	3	4	5
38. 对自己的外表不满意	0	1	2	3	4	5
39. 当众丢了面子	0	1	2	3	4	5
40. 违反纪律做检讨	0	1	2	3	4	5
41. 家人与他人发生冲突	0	1	2	3	4	5
42. 学习压力大，负担重	0	1	2	3	4	5
43. 被迫留级	0	1	2	3	4	5
44. 家庭给你施加学习压力	0	1	2	3	4	5
45. 无钱购买自己喜欢的书籍	0	1	2	3	4	5
46. 生活不能完全自理	0	1	2	3	4	5
47. 班级活动中受冷落	0	1	2	3	4	5
48. 遭受他人冷遇	0	1	2	3	4	5
49. 求爱被拒绝	0	1	2	3	4	5
50. 根本不爱学习，学习是父母给的任务	0	1	2	3	4	5
51. 无力解决与同学的矛盾	0	1	2	3	4	5
52. 对自己的表现不满意	0	1	2	3	4	5
53. 与同学、好友发生纠纷	0	1	2	3	4	5
54. 代人受过	0	1	2	3	4	5

续表

项目	分值					
55. 亲人遇害	0	1	2	3	4	5
56. 管不住自己	0	1	2	3	4	5
57. 学校的规章制度太严	0	1	2	3	4	5
58. 老师对自己不满意	0	1	2	3	4	5
59. 努力学习却进步不大	0	1	2	3	4	5
60. 对国家的前途感到悲观	0	1	2	3	4	5

资料来源：张子龙. 中职生挫折、自尊和网络欺负行为的关系研究［D］. 河北师范大学，2017.

说明与解释：

原始总分为将 60 个项目的得分相加，分数越高，表示经历的挫折越大。

第四章　焦虑情绪的团体辅导

导语

　　当代是个飞速发展、高速运转的时代，让每个人时常感觉自己就像一个小陀螺，时刻都在旋转，怎么都停不下来。你变得非常紧张，觉得每一分每一秒都变得十分难挨，心里想着让世界为自己停滞一秒，就一秒，好让自己喘一口气，放松疲惫的身躯。然而，世界没有听见你的呼唤，也没有任何一个人听到你内心的声音。你感觉自己处在一片没有尽头、没有边际的荒野中，自己只能向前奔跑、奔跑，不停地奔跑。你跑得很快，好像身体已经不是自己的了。你感觉好累，非常想让它停下来，可是你控制不住它，你变得非常慌张、焦虑不止。你开始痛哭流涕，想要反抗却感到毫无能力。每个人都可能曾经有过这样的感受，这种感受被称之为焦虑，让人觉得十分不幸。

　　焦虑到底是什么呢？理论上，焦虑是一种常见的情绪状态，是对亲人或自己生命安全、前途命运等的过度担心而产生的一种烦躁情绪。其中含有着急、挂念、忧愁、紧张、恐慌、不安等成分。它与危急情况和难以预测、难以应付的事件有关。而在生活中，焦虑可能是在参加考试时，原本头脑中有倒背如流的知识点却在那一刻变成一片空白；焦虑可能是在假期的最后一天，突然发现开学要考试而你甚至没有带课本回家；焦虑也可能是你不小心删除了文档，所有的努力都付之东流；甚至旁边同学的一句"你作业写完了吗？"都会让人觉得焦虑不安，感觉生活失去了希望……

　　不过，不必担心，焦虑是人的一种正常的负面情绪，焦虑并不等于焦虑症。负面情绪的产生是一件很正常的事情，你有，我有，他有，大家全都有。只有当这种负面情绪持续时间比较长，致使自己的生理、心理都出现不健康状况时，才有可能患上某种精神方面的病症。当然，这需要经过精神科医生的专业诊断才能确诊，自己的推测是不准确的。当一个人出现焦虑、烦躁、食欲不振长达 30 天或是更久时，会疑似此人患上了焦虑症。

生活中无处不在的小焦虑令人们感到烦躁，十分想要对焦虑说："滚开吧！"不要着急上火，我们先认识一下：焦虑分成什么种类？为什么会产生？如何才能坦然面对它？

精神分析的鼻祖弗洛伊德认为，焦虑可以分为真实的焦虑和神经性焦虑两种。真实的焦虑是一种对外界威胁的反应。这种焦虑的原因有着非常明显的外界线索（例如，考试之前害怕考砸，考试作弊害怕被抓）。因此很容易得到理解。神经性焦虑是一种更为神秘和复杂的焦虑。在神经性焦虑中，人们通常找不到引发焦虑的外界刺激，或者不具有威胁的一些一般性刺激会诱发个体焦虑，如人群、幽闭空间和空旷之处，等等。

真实的焦虑有利于个体逃离危险情境，增大存活概率，可以说是一种天然的自我保护机制。人类对于很多物体和情境都有天然的焦虑。例如，一些凶猛的动物（比如，老虎、狼、熊、蛇等），一些自然情境（比如，黑暗的洞穴，深不见底的坑，湍急的河流，等等）。这些动物和情境在原始的进化过程中带给个体不同程度的危险，对这些情境的焦虑会引发个体做出逃避反应，从而脱离险境，远离危险。对于这些危险情境的反应慢慢地储存在了人类的记忆当中。即使有些刺激已经没有危险，但是我们还会为此而感到焦虑。例如，在看 3D 电影时，当你看到一只老虎朝你扑过来，即使此刻没有任何真正的危险，你也会感觉到害怕而本能地躲闪。当然，人的焦虑反应也会受文化、知识和实践的影响。弗洛伊德举过一个例子。对于原始人来说，他们害怕枪炮甚至相机，但是现代人懂得使用枪炮，又懂得用相机拍照。因此，现代人在这些情境中不会焦虑。

现代人类社会，直接威胁生死存亡的自然挑战已经不多见了，大部分是社会生活与工作中的"小挑战"。比如，需要完成一次工作或晋升面试，向陌生人做自我介绍，限期完成某项任务，受到他人的指责，银行催信用卡还款，等等。这些情况都不会对我们的生存造成立即的威胁，但如果我们过于紧张、过于焦虑，并准备随时采取相应的应激行为，就不是明智之举了。适度的焦虑是可以有的，然而，一旦焦虑超出适度或中等程度的水平，那么行为表现反而会随之变得更差。

我们为什么会焦虑？焦虑产生的原因是什么？

之所以产生焦虑，原因在于自己没有做好全面准备，总希望什么事都能一帆风顺。由于没有做好准备，所以一旦遇到困难或问题，自己就会变得惊慌，不知所措，怨天尤人，甚至有活不下去的感觉。这是引起焦虑症的具体原因之一。当然也有的是因为人们期望值过高。很多人把目标定得特别高，把做事情又想得太简单，结果导致焦虑。前途肯定是光明的，但是发展的道路绝对是曲折的，但我们却常忽略道路曲折的事实，因此会产生心理落差，感觉焦虑。其实，能让我们产生焦虑的原因很多。包括长期使用某些精神类药物、久坐、空气污染、爱吃快餐、肠胃功能紊乱等，这些因素都能导致焦虑。

研究表明，1/6 的青少年有焦虑症。在整个人群中，1/4 的人会在生命的不同阶段面临焦虑的问题。所以，焦虑不是一个人在面对！焦虑不是一个人的专属！

人生来都会焦虑，而有些人则是天生的焦虑体质。我们首先应该坦然接受生活赋予我们的一切，然后，想办法与其和谐共处。

也许你不是天生的焦虑体质，却也常常会被焦虑折磨得身心俱疲。要学会正视焦虑，不要放弃改变，因为只有自己才是生活的主宰。不要用焦虑应对焦虑，这样只会把焦虑放大。焦虑本身并没有错，错在于我们不能及时发现，没有及时调整改变。只要我们用正确的态度看待焦虑，用科学的知识理解焦虑，用正确的方法面对焦虑，就会成就更好的自己，拥有更好的生活！

谈焦虑

焦虑的产生不是因为外界具体的事物或情境，而是源自想象中的危险，这个危险并不在眼前，而且发生的可能性也只是微乎其微。人们可能为将来焦虑，为自身的安全焦虑，或者为即将要面临的某种不确定性而焦虑。

（美）埃德蒙·伯恩，洛娜·加拉诺

你必须学会放手，释放压力，反正你从来没有驾驭过。

（美）史提夫·马拉波利

我们的忧虑不会带走明天的难过，只会带走今天的力气。

（英）查尔斯·司布真

焦虑是面对自由的眩晕，如同人面对深渊的眩晕。

（丹）索伦·阿拜·克尔凯戈尔

再多的焦虑也改变不了未来，再多的后悔也改变不了过去。

（美）凯伦·莎尔曼森

在平安中吃饼，强如在忧虑中吃筵席。

（古希腊）伊索

要克服生活的焦虑和沮丧，得先学会做自己的主人。

（中）李嘉诚

无法阻挡时间的流逝，是我们永远处于焦虑不安之中的原因。

（阿根廷）博尔赫斯

我们常常听人说，人们因工作过度而垮下来，但是实际上十有八九是因为饱受担忧或焦虑的折磨。

（英）卢伯克

名人故事

故事1　几米的故事[①]

几米，是一位非常著名的台湾绘本画家，本名叫廖福彬。他的作品诙谐有趣，意境深远，耐人寻味，风靡华人圈。1999年出版的《向左走·向右走》，获选1999年金石堂十大最具影响力的书，被人们广为传播。2011年，荣登第六届中国作家富豪榜子榜单"漫画作家富豪榜"第二位，因为几米十年间版税总收入高达2 500万元。

几米在成名之前，也是一个不为人知的小人物。大学毕业，入职广告公司，开始了没日没夜地拼命工作。虽然他凭着个人出色的才华和创造力，在广告行干得很出色。然而，几米喜欢个人化的艺术作品，与客户所要求的标准时常发生冲突，让几米感到苦恼。常常因为自己的想法受到他人意见的左右而感到焦虑，自己的创意被改得面目全非，最终还要自己收拾残局。这样的工作状态让他感到不如意。

1995年，几米患上了"急性骨髓性白血病"，在住院期间，他对生命有了更深的理解，懂得了生命中每个平凡瞬间的可贵，更加热爱生命了。他说："生命的变化太快，太残酷，来不及准备，也无法预料。所有的美

---

① 几米．几米故事的开始［M］．北京：人民文学出版社，2010．

好都在当下，而所有的变化也变得美好。我感念那一段饱受折磨的伤痛时光，让我变得感性而敏锐，许多平凡的小事变得重要，而许多非凡的大事又变得无足轻重。"

过度劳累，心理的焦虑，加之这场几乎要了他命的大病，让几米幡然醒悟，促使几米绘画风格上的改变。原先的几米是为了金钱、荣誉、地位去创作。在他的散文《我和我的"小人"》里写道："一开始我对我画里的任何'小人'都没有投入情感，他们只是我赚钱谋生的工具。我就像是一个脸色苍白、冷血无情的驯兽师，挥舞着皮鞭，日夜鞭打训练他们，期待他们表现出众，可以早日将他们推上表演的舞台，获取掌声，为我赚钱。"而生病之后，几米的创作只是为了单纯的兴趣，自己的性情而画。他将作品中的那些"小人"当成自己："小人"已变成了几米，而几米也变成了"小人"。于是，纯净的画面从他的画笔下缓缓流出。

评论： 一个人活在世上，做着自己不喜欢的事情，让人感觉拧巴着的生命容易造成焦虑情绪的产生。而解决这个问题的办法就是从心所欲，做自己真正爱好的事情，这样才会让生活变得有意思。这种喜好应该完全是出于个人本真的性情，而不是为了某种外在的利益，例如金钱、名声之类。无论外界环境如何，人总是可以有自己的选择，可以坚持自己的选择。不为物喜，不为己悲。做自己真正喜欢的事情，坚持自己的真性情，才能远离焦虑。

故事 2　演艺人的故事

从网络新闻、媒体曝光的情况看，很多从事演艺事业的人，或多或少会经历抑郁、焦虑的困扰。

曹颖，中国内地的知名女演员、主持人。曾经在 2001 年获得"金鹰奖观众最喜爱的女演员奖"，及"第 2 届中国金鹰电视艺术节最受观众欢迎的女演员奖"，2009 年获得华语主持群星会最具魅力主持奖。曹颖活跃在电视荧屏，在聚光灯下耀眼无比。然而，在某档节目中，她自述自己曾因工作压力过大而得过焦虑症，最严重时每晚都进急救室。后来意识到不能让这种状态持续下去，为了身边的爱人，曹颖开始学习各种运动项目，包括拳击、瑜伽等。希望通过运动让自己的情绪找到一个发泄口。慢慢地，曹颖的焦虑症发作频率下降，她回归到了美好的家庭。

阿杜，非常受人喜爱的歌手。阿杜唱的许多歌曲都大红大紫，例如，《天黑》《坚持到底》《他一定很爱你》等歌曲。他被媒体誉为"亚洲歌圣"。因为阿杜为人老实内向，实在无法适应走红后转变太快所带来的压力，加上不善言辞，所以经常感到恐慌和害怕，最终患上了焦虑症。据其自曝，每次登台他的手心都冰凉，看到人多就冒汗，每天晚上都睡不着觉，于是开始吃药，因为药物的刺激，他的体重迅速增加到80多公斤，为此他曾一度想过退出娱乐圈。阿杜的恐慌症在最严重的时候，曾一天看三次门诊。他认识到了自己患有严重的焦虑症，在医生的帮助下进行药物治疗，并辅助跑步等运动解压，现在状态调整得比较稳定。

林夕，中国香港非常著名的词作者，才华横溢。他对自己的作品精益求精，获得了很高的艺术成就，也获得了大众的认可。同时，也造成了他身体与心理出现许多不适，每晚定时头晕、肌肉痛、反应缓慢、情绪极其不稳定。林夕曾经患焦虑症长达18年，后来通过医生的建议以及辅助药物治疗，焦虑情况有所好转。

胡瓜，中国台湾知名综艺节目主持人。2007年，胡瓜因工作压力太大，导致精神不济，身心疲惫。入院观察，医生判定他患有焦虑症，原因是压力太大。

评论：《心经》说道："心无挂碍，无挂碍，故无有恐怖，远离颠倒梦想。"现代社会的人都在力争上游，努力拼搏，却会因为过分看待结果，导致工作、学习压力过大，形成焦虑。追求应该是人生的快乐，而不应该成为一种负累。要学会轻松地面对一切，不要让心受到过大的压迫，人生的快乐与幸福源自放松的心态。

案例故事

案例1 焦虑的沙鼠

撒哈拉大沙漠是世界上最大的沙质荒漠，自然环境、气候条件都非常恶劣，是地球上不适合生物生存的地方之一。然而，在撒哈拉大沙漠中，有一种名为沙鼠的动物在顽强地活着。

这种土灰色的沙鼠，为了生存，在旱季到来之前，囤积大量的草根，以准备度过未来艰难清苦的日子。当洞穴中的草根足以支撑它们度过旱季时，沙鼠仍然会不停地寻找草根，将草根咬断，运回自己的洞中。沙鼠如此拼命地工作，才能心安理得，才会踏实。否则就会嗷嗷叫个不停，表现出焦躁不安的状态。

野外的沙鼠是这个样子，那些用于医学实验的，在实验室中的沙鼠还会有这样的表现吗？实验人员发现，用于医学实验的沙鼠，尽管根本不愁吃喝，但是它们还是存在着习惯性的焦躁不安状态。其中的原因就在于，它们的远古祖先曾感受过超长的饥饿状态，这样的状态所带来的痛苦深深烙在了它们的遗传基因中。所以，它们要通过不停寻找、囤积食物缓解这种焦虑。每天都会有许多沙鼠因为极度的焦虑而死亡，因为它们找不到草根，没有办法囤积食物，过度的焦虑把它们杀死了。

评论：沙鼠，拼命地寻找食物以确保自己的存活，却因为过分的焦虑而死去。这与现代社会中的许多人类似！在现实生活里，让人们深感焦虑不安的，并不是眼前的事情，而是那些还没有到来的"明天""后天"的问题，甚至是那些永远也不会到来、也不会发生的问题。人们总是为了"将来"而焦虑，结果忘记关注当下，反而感觉过得不幸福。医学界的研究一再证明，焦虑是使人寿命减短的因素之一。焦虑对人类的伤害超过了许多疾病，而许多疾病又是来自焦虑和紧张。只有活在当下才是愉快、幸福、安稳、明智、科学的活法。

案例2　服兵役的故事

一个男孩读完了中学，需要去服兵役了。但是他感到非常害怕，害怕死亡，导致他吃不下饭，睡不着觉。于是男孩的父亲开导他。

父亲说："你有什么可害怕的呢？参加应征，无非两种结果，一种是被选上，一种是选不上。选不上，你就不必害怕了。"

儿子说："那万一被选上了呢？"

父亲说："被招入伍了，无非也就两种结果，一种是不上战场，一种是上战场。不上战场，你就不必害怕了。"

儿子说："那万一被选中了上战场执行任务呢？"

父亲说："上战场执行任务，无非也就两种结果，一种是你受伤，一种是你战友受伤。如果是你战友受伤，你就不必害怕了。"

儿子说:"那万一受伤的是我呢?"

父亲说:"受伤,无非也就两种结果,一种是轻伤,一种是重伤。如果是轻伤,你就不必害怕了。"

儿子说:"那万一受的重伤呢?"

父亲说:"重伤,无非也就两种结果,一种是治愈了,一种则是死亡。如果被治愈了,你就不必害怕了。"

儿子说:"那万一重伤不治呢?"

父亲说:"孩子,那个时候你都已经死去了,根本不会有任何感觉了,还谈什么害怕呢。"

儿子想了许久,终于迈进了应征的大门。

评论:解决焦虑最有效的办法就是,想一想让自己担心的问题的根源到底是什么。

案例3 摔碎的牛奶瓶

十几岁的桑德斯经常为很多事情发愁。他常常为自己犯过的错误自怨自艾;交完考试卷以后,常会半夜睡不着,害怕不及格;他总是想那些做过的事,希望当初没有这样做;总是回想那些说过的话,后悔当初没有将话说得更好。

一天早上,全班在科学实验室做试验。老师保罗·布兰德威尔博士把一瓶牛奶放在桌子边上。大家都坐了下来,望着那瓶牛奶,不知道它与这堂生理卫生课有什么关系。

过了一会儿,保罗·布兰德威尔博士突然站了起来,一巴掌把牛奶瓶打碎在水槽里,同时大声叫道:"不要为打翻的牛奶而哭泣。"然后他叫所有的人都到水槽旁边,看看那瓶打翻的牛奶。

"好好地看一看,"他对大家说,"我希望大家能一辈子记住这一课,这瓶牛奶已经没有了——你们可以看到它都漏光了,无论你怎么着急,怎么抱怨,都没有办法再救回一滴。只要先用一点思想,先加以预防,那瓶牛奶就可以保住。可是现在已经太迟了,我们现在所能做到的,只是把它忘掉,丢开这件事情,只注意下一件事。"

评论:往事不可谏,来者犹可追。我们没有必要为已经发生的事情而感到遗憾,并因此懊恼不已,甚至焦虑不安。往事已矣,我们更应该关注的是当下,是未来,因为过去的事情已经过去了,我们无力改变,而现在和未来才是真正握在我们手上的东西,也是我们真正能够抓住的东西。所以,请不要为打翻的牛奶而哭泣。

心理学实验

实验 1 情绪实验

阿维森纳(Avicenna)是中亚哲学家、自然科学家、医学家。公元980年,生于布哈拉(Bukhara)附近的阿夫沙纳(Afshana),公元1037年,卒于哈马丹(Hamadan)。他一生著作颇丰,达200多种,最著名的有《哲学、科学大全》,在当时是高水平的百科全书;另一部巨著是《医典》,直到17世纪西方国家还视为医学经典,至今仍有参考价值。

阿维森纳为证明不良环境对生命状态的影响,曾做过一个两只羊的试验。他选择一胎所生的两只羊羔,保证它们的体质、喂养方式相同。分别将它们圈养在不同的生活环境中。一只小羊羔随羊群在水草地快乐地生活;而在另一只羊羔旁边拴了一只狼。一只羊生活得平静安逸,另一只羊却提心吊胆。那只身边有狼的小羊总能够看到狼,时刻感受着狼的威胁,在极度惊恐的状态下,根本吃不下东西,逐渐消瘦,不久因恐惧死去。

后来,也有医学心理学家用狗做了类似的实验,称为嫉妒情绪实验。心理学家找来两只饥饿的狗,把其中一只饥饿的狗关在铁笼子里,把另外一只狗拴在笼子外面。给笼子外面的狗一块肉骨头,让笼内那只饥饿的狗看着外面的狗啃骨头。笼内的狗就会变得急躁、气愤和嫉妒,在这些负性情绪的影响下,这只狗慢慢地产生了神经症性的病态反应。

评论:焦虑这种负面情绪是一种破坏性的情感,长期被它们困扰就会影响生物个体的正常生理平衡,非常容易引发一系列心理及身体上的连锁反应,致生理疾病的发生。个体只有采取平和的心态去面对和适应外界社会的变化,才能保证身心健康。

实验 2 kiss 基因实验

鱼也会有压力吗?回答是肯定的。脊椎动物的各个类群都有这样的情绪。在面对生存压力和外界不利环境时，产生恐惧或是焦躁不安，是非常原始的一类情绪。

2014 年，莫纳什大学马来西亚分校的伊什沃尔·帕哈尔（Ishwar S. Parhar）教授和同事在《美国科学院院报》（PNAS）上发表了一篇有关 kiss 基因的文章，称斑马鱼的 kiss1 基因具有降低恐惧、减少焦虑的作用。

对脊椎动物的研究表明，kiss 基因是一个生殖调控系统的核心成员，既能直接对下丘脑的分泌促性腺激素释放激素（GnRH 神经元）进行刺激，从而启动青春期发育，也能接收到来自血液性激素水平的信号，对 GnRH 的表达进行反馈调节。

斑马鱼（Danio rerio）是一种常见的热带观赏鱼，成年鱼的体长大约在 3~4 厘米，因为其体侧有类似于斑马的条纹而得名。斑马鱼是硬骨鱼类研究领域的"明星鱼类"，被广泛应用于科学研究。斑马鱼的 kiss 基因存在两种亚型，分别为 kiss1 和 kiss2。其中 kiss1 神经元多处于脑区的腹侧缰核。这个区域常常与恐惧、焦虑等情绪相关。因此，帕哈尔猜测斑马鱼的 kiss1 基因除了具有与生殖相关的功能之外，还与压力调节相关。

帕哈尔设计了两个实验测试斑马鱼对压力的反应。第一个实验是新鱼缸潜水实验。当斑马鱼被放入一个新鱼缸时，它只在缸底区域活动，避开水面上层，说明它产生了焦虑；第二个实验是警报物质刺激实验。警报物质是在鱼的上皮细胞受到损伤时分泌的，对鱼体起到警示作用的化学物质。研究人员对非受试鱼进行刺激，然后收集其产生的警报物质，再用于受试鱼模拟警报信号。一旦斑马鱼接受了警报物质的刺激，就产生恐惧，表现为无规律的乱游或是一动不动。

帕哈尔教授设计了 kiss1 神经肽颅内注射组和蒸馏水注射组进行对比实验，结果发现在搬入新鱼缸 4 小时后，注射了 kiss1 的斑马鱼显示更强的活动能力，也即更少的焦虑表现；而在进行警报刺激实验时，注射了 kiss1 的斑马鱼发生的恐惧行为也远低于对照组。

帕哈尔教授的研究结论表明，kiss 基因在压力调节中扮演的角色不可忽视。

评论：焦虑是有深远的进化机制的，已经写在了基因之中，说明焦虑很正常，也说明可以通过药物治疗控制焦虑问题。

团体辅导活动方案

一、整体活动安排

活动	主题	活动目标	活动内容
1	你正在焦虑吗	了解焦虑是一种情绪反应,每个人都会遇到焦虑	1. 团体介绍 2. 冥想放松 3. 我的焦虑程度 4. 介绍或商定团体契约 5. 自我测试:你的"逃跑、战斗或木僵"机制
2	焦虑源于什么	认识焦虑的遗传性、创伤性和压力因素	1. 现代生活的压力之最 2. 了解自己的压力 3. 我的家族情绪基因 4. 我的童年:与父母相处 5. 找到你的焦虑源
3	理解"健康的"焦虑	合理认识"健康的"焦虑意义及必要性	1. 冥想练习 2. 我的焦虑誓言 3. 焦虑陷阱 4. 焦虑行为 5. 智慧头脑风暴
4	理解你的焦虑	学会判断自己是否处于焦虑状态	1. 解开千千结 2. 如何识别你的焦虑行为 3. 焦虑如何变成长期行为 4. 战胜焦虑 5. 分享
5	区分焦虑	学会区分正常焦虑和焦虑症,社交焦虑症,对健康的焦虑	1. 我有焦虑症吗 2. 区分焦虑 3. 社交焦虑症 4. "死亡"焦虑
6	抵御焦虑	学习焦虑的应对策略,建立支持系统与掌握调适方法,主动寻求专业的帮助	1. 体验焦虑 2. 面对焦虑 3. 处理分离

二、具体活动方案

活动 1　你正在焦虑吗

活动目的	活动流程
帮助成员了解团体的工作方式	1. 团体介绍 组织者介绍团体
热身，让成员通过游戏和身体接触减少陌生感，同时体会个人的压力及焦虑情绪	2. 冥想放松 组织者带领团体成员做冥想放松训练，并引导成员回忆自己曾经经历的最危难的时刻，回想一下当时是什么样的情境，你做了哪些反应，你的情绪状态如何
通过心理测量，了解并评估自己的焦虑程度	3. 我的焦虑程度 由教师提前准备好量表，学生可以通过手机在线或问卷方式测量，了解自身焦虑程度，并向小组报告，谈论这些焦虑有哪些表现，给你带来了哪些影响
为保证团体正常发挥功能，实现团体组织者与成员的尊重与配合，建立团体成员共同遵守的规范	4. 介绍和商定团体契约 每个小组一张 A4 白纸，让小组成员共同讨论班级辅导规范，并在规定的时间内（5 分钟）尽可能多地写出辅导契约，最后组织者请每个小组的代表宣读本组的规范，并强调保密、守时、尊重、接纳、不评价等基本原则。团体契约建立后请每位成员在契约上签下自己的名字
了解焦虑，了解自身面对焦虑时的"焦虑反应"	5. 自我测试：你的"逃跑、战斗或木僵"机制 在你遇到突发事件或危急关头时，你是否会迅速做出反应？那是一段什么样的经历？你当时的感受如何？你能否清晰地回忆之后的情形？如果可以，请描述一下之后发生了什么

活动 2　焦虑源于什么

活动目的	活动流程
了解常见的焦虑源	1. 现代生活的压力之最 下列压力事件，你占几种？小组分享 失恋、离异或分居，家庭成员生病或过世，居无定所（尤其是老年人），被解雇（或是裁员），家庭矛盾，受伤或生病（包括慢性疾病），怀孕，结婚，破产，换了新工作（并且工作量很大），生孩子，被拘捕，坐牢
了解自己的压力	2. 了解自己的压力 在当前的生活中，有没有什么事会让你感到有压力？你是否正在经历或在过去的六个月内经历过上述一些压力？花点时间将这些事情记录下来。最近一段时间，让你有压力感的事情是什么？你是否因此而变得比往常更加焦虑或反应过激？如果答案是肯定的，请试着在小组内描述这种焦虑的特征
探索家族系统的情绪基因，了解焦虑与遗传因素的关系	3. 我的家族情绪基因 绘制家谱图，并描述家族成员的性格特征，以及曾经历的创伤事件，对家族成员有明显情绪问题或精神心理诊断的重点标明。同团体治疗师和组员讨论家庭对自身情绪的影响，以及人格的表现
了解焦虑的童年因素	4. 我的童年：与父母相处 研究者发现，在以下环境中长大的人会普遍比较焦虑。他们的父母曾经有过以下举动。你的父母呢？请在小组内分享 （1）过于严厉，要求孩子达到很高或不可能达到的标准 （2）对孩子有情感上的压抑或责罚 （3）对孩子进行身体上的责罚（体罚） （4）过于敏感和担忧，总向孩子传达"世道很危险"的信息 （5）对孩子进行情感虐待、身体虐待或性虐待 （6）溺爱
通过团体讨论，寻找自身焦虑源	5. 找到你的焦虑源 通过以上活动，反思引起自身焦虑的因素是什么，在白纸上写出来，并在小组讨论，直至最终找到引起焦虑的影响因素

活动 3 理解"健康的"焦虑

活动目的	活动流程
减压、放松身心	1. 冥想练习 请大家坐在椅子上，尽可能地放松，闭上眼睛，深呼吸。在吸气的时候，想象大自然的阳光、新鲜的空气、愉快的心情，通过我们的呼吸，把它们吸入我们的身体。在呼气的时候，想象把疲劳、不愉快的心情、身体上的疼痛通过呼气排出体外。你会觉得越来越轻松，越来越自然，越来越平静。继续调整呼吸，让自己平静下来，接着想象自己离开会议室，来到大海边，大海非常辽阔，蓝天白云，海鸥飞翔。站在海边，呼吸着新鲜的海风，让海水拍打着你的脚面，凉爽、细腻、自然、轻松。把长期积累的疲劳、不愉快的心情，装在小瓶子里扔得远远的，让其远离我们。留下的是轻松、愉快、满足和希望。请你继续享受海边美好的景象。然后想象告别大海，回到会议室，坐在自己的小组里，继续保持放松、自然、宁静、舒服、惬意的感觉。数到三的时候，再慢慢地睁开眼睛。
了解自身焦虑的主要表现	2. 我的焦虑誓言 想一下，凭你的直觉来填 你所面临的主要焦虑有什么？请按焦虑事件的大小顺序，在空白纸上写下五种并记住，且小组朗读： (1) 焦虑是人之常情，所以我们每时每刻都能感受到 (2) 焦虑有时间限定，当你强烈感觉到焦虑时，认为焦虑会永久存在 (3) 焦虑有助于你的生存和活动，所以你不需要完全消除焦虑，但也不能任由焦虑摆布 (4) 焦虑是某事将要发生的前兆——但你可以学习如何读懂这些信号，并知道如何去做
让成员认识到自身一些"极端想法""思维误区""灾难宣扬""黑白思维""心理过滤"等威胁	3. 焦虑陷阱 发给每组一张白纸，给大家 10 分钟头脑风暴的时间，让每组成员充分讨论，写出尽可能多的应对焦虑的畏惧反应。最后每个组派一名代表在大组分享，比比哪个组能更好地识别这些思维陷阱

续表

活动目的	活动流程
进一步了解自身焦虑行为，并对照识别自身焦虑行为	4. 焦虑行为 人们克服焦虑感的途径，主要表现为六种形式： （1）数数，列举清单 （2）重复检查随身物品 （3）不停地洗手、不停地擦拭物品 （4）按照数字顺序、字母顺序或者颜色摆放东西 （5）专注于特定词语、短语或句子 （6）咒骂或歇斯底里地喊叫（也称多发性抽动症）
使成员从行为层面上了解焦虑的不同反应模式，探讨如何适当地处理、应对焦虑	5. 智慧头脑风暴 挑选上面在分享中最有感触的两个焦虑事件，将成员分成两组，每组针对一个问题进行表演，剩下的人针对表演中的人物该如何沟通或做出什么样的反应写出剧本，最后表演。可以表演成功处理冲突的场景，也可以表演因不恰当处理而导致不良后果的场景。鼓励成员自由发挥，必要时可以加注旁白等，最后请成员分享感受

活动 4　理解你的焦虑

活动目的	活动流程
训练成员在团体中合作，靠集体的力量解决困难，朝共同的目标出发；使成员体会团体支持对个人的意义和重要性	1. 解开千千结 小组成员手拉手围成一圈，认准左手、右手各拉的人，然后在小范围内自由走动，组织者叫"停"后，每个成员的左手、右手再拉好最初的成员，然后用各种办法恢复到初始状态（详见第 73 页"解开心结"）
让成员了解焦虑的症状	2. 如何识别你的焦虑行为 小组活动：症状检查。在焦虑时，以下的症状定会有一些表现得非常明显 （1）感到烦躁不安（四肢痉挛，面部抽搐） （2）注意力难以集中 （3）额头、手心、脖子等地方出汗 （4）肌肉紧绷（脖子疼、头疼） （5）失眠（难以入睡、夜里总醒） （6）暴躁易怒 （7）胃痉挛、呕吐、消化不良 （8）想用酒精或毒品麻痹自己的真实想法

续表

活动目的	活动流程
帮助成员认识焦虑、焦虑症及身体反应	3. 变成长期焦虑的行为 团体组织者讲解正常的焦虑与焦虑症的区别： 正常的焦虑　　　　　　　　　焦虑症 （1）真实的危机感　　　　　　极端的危机感 　　　　　　　　　　　　　　过分担忧 　　　　　　　　　　　　　　夸大事件后果 　　　　　　　　　　　　　　沉思，固执己见，不知所措 （2）合理的忧虑与担忧　　　　极度担忧 　　　　　　　　　　　　　　害怕"精神失常" 　　　　　　　　　　　　　　害怕失控、疯癫、不知所措 （3）与威胁有关的夸张想法　　总是宣扬灾难 　　　　　　　　　　　　　　总是"黑白思维"（长期） 　　　　　　　　　　　　　　长期持有夸张思维 （4）身体反应　　　　　　　　心跳持续加速 　　　心悸　　　　　　　　　　胸闷、无力、肌肉疼痛、头疼 　　　肌肉紧绷　　　　　　　　气喘吁吁、头晕目眩、感觉不真实 　　　呼吸急促　　　　　　　　恶心、总想去卫生间、腹泻 　　　情绪紧张　　　　　　　　一直冒汗 　　　汗流不止　　　　　　　　面色惨白无血色、起红斑 　　　血液涌上心头
探索自身焦虑应对方式，识别哪些是积极应对，哪些是消极应对，并学会将消极应对方式转化为积极应对方式促进团体对焦虑的认知，提供团体支持	4. 战胜焦虑 一般情况下，当你面对焦虑的时候，你是怎样应对焦虑的？至少三种方法，把它写出来，并阐述效果如何 5. 分享 在小组内分享你的焦虑表现及行为，并提出感受、思考及建议

活动 5　区分焦虑

活动目的	活动流程
温暖团体气氛，增进团体信任和凝聚力	1. 我有焦虑症吗 每组邀请一位成员到中间，其他成员手拉手围圈。练习开始时，圈内人闭上眼睛，自发舒适地倒向任何一方，其他成员必须手挽手给予保护，不能让圈内人摔倒。他往哪儿倒，就在哪儿接住他，给予保护，并将他每次推到中间位置。如此倒下、接住，使中间成员从紧张到放松。可以换人到圈内去体验
学会区分正常焦虑和焦虑症	2. 区分焦虑 你的焦虑程度多大？处于何种水平？当你检查自己的想法记录时，仔细观察你的焦虑程度呈现什么特征。测试其强度，在 0~100 内打分。通过以下的描述，思考你属于哪一种情况 以下是你可能感觉到的焦虑形式，给自己打分 (1) 摇晃以及颤抖 (2) 泪流不止 (3) 胸闷 (4) 恶心或腹部绞痛 (5) 不真实感 (6) 害怕突然之间会死 (7) 窒息或感觉"喉咙有个肿块" (8) 害怕会"变疯"或者失控 (9) 满脸通红或四肢疼痛 (10) 感觉不真实，好像超脱尘世 (11) 心跳加速，心律失常 (12) 呼吸困难，似乎喘不上气来 (13) 不停出汗
帮助成员了解社交焦虑症是常见的焦虑形式	3. 社交焦虑症 社交焦虑症表现为某些人害怕见陌生人，不敢参加社交活动或者当众讲话，害怕被人盯着看，害怕上台表演，甚至不敢当众吃饭或喝酒，或仅仅害怕在公共场合被人看见。请每个人列出自己或身边人的社交焦虑症表现。讨论如何帮助他们克服社交焦虑症
了解对健康的焦虑	4. "死亡"焦虑 害怕死亡、受伤害，或者患上绝症等对健康的焦虑，可以称为"死亡"焦虑。每个人想象一下，如果马上就会死亡，你最想做什么，或者对自己说什么？然后小组分享

活动 6　抵御焦虑

活动目的	活动流程
了解焦虑的情形	1. 体验焦虑 设想一个令你焦虑感增强的场景，你的真实举动是什么？并写在纸上，小组内分享
应对焦虑的办法	2. 面对焦虑 小组讨论面对焦虑自身的应对办法，然后总结出克服焦虑的"十大法则"
帮助成员强化焦虑后重新开始的决心	3. 处理分离 合唱：《明天会更好》 成员握手、拥抱，体验团队支持的力量，集体告别

行动指南

理念指南

1. 焦虑只是一种情绪而已。
2. 要学会做焦虑情绪的主人。
3. 直面焦虑，不要被焦虑追着跑。
4. 焦虑情绪是内心需求的一种信号。
5. 好的心态是解决焦虑的良好开端。
6. 不带评判地去看待焦虑。
7. 内心的安宁会对抗人生的焦虑。
8. 不要对抗焦虑，而是接纳它。

行为建议

1. 不要自我攻击，把焦虑完全归因于自己。
2. 转变看问题的角度，把错误看成学习与成长的机会。
3. 确立一个清晰的行动计划。
4. 活在当下，关注处理当下正在发生的事情。
5. 活在当下，不要对未来过分担心。
6. 进行冥想练习。

7. 把精力放在主要的现实目标之上。
8. 做事不要苛求完美。
9. 找到最适合自己的放松方式。
10. 改变以往应对环境的方式。
11. 让自己待在感到舒适的地方。
12. 焦虑时听听喜欢的音乐。
13. 焦虑时转移一下注意力。
14. 焦虑时让身体活动起来。
15. 焦虑时做一件积极的事并沉浸其中。
16. 保证充足固定的睡眠时间。
17. 提升睡眠的质量。
18. 保持良好的体力与精力。
19. 坚持运动并形成习惯。
20. 健康饮食，合理就餐。
21. 远离烟酒、咖啡、碳酸饮料。
22. 与朋友相聚，分享内心深处的焦虑。

重点推荐

推荐读物

1. 《应对焦虑》

（美）埃德蒙·伯恩、洛娜·加拉诺著，张轶蓓译，机械工业出版社，2017年版。

推荐理由：每当个体遇到焦虑的时候，经常出现的反应就是回避令自己焦虑不安的情境。然而，回避不能解决任何问题，反而会让自己变得更加焦虑，甚至恐惧。通过阅读《应对焦虑》可以从中学到许多应对焦虑的方法，不让焦虑控制自己的人生。本书对最新的科学研究成果进行了梳理，为读者提供了许多经临床验证过的方法，可以帮助读者逐步应对由于焦虑而产生的各种身体症状、心理症状和情绪症状。作者是长期从事焦虑症治疗的专家，相信他们的建议肯定能够帮助你。

2. 《焦虑情绪调节手册》

（美）大卫·伯恩斯著，李迎潮、李孟潮、徐维东译，学林出版社，

2009年版。

推荐理由：在高速发展的时代，社会中的每个人都变得非常容易焦虑。每个人是焦虑者，更应该是焦虑的治疗者，每个人都应该做自己的心理医生。《焦虑情绪调节手册》为读者提供了一个做自己的心理医生的机会。作者伯恩斯博士介绍了当下流行的焦虑循证疗法。相信书中所呈现的概念和策略，将有助于读者处理自身焦虑以及其他的情绪问题。这是一本能够让人身体力行的书，具有很高的操作性，作者制作了非常详细的量表和步骤，可以让读者跟着书中的调节步骤进行自我治疗。

3. 《如何化解内心的焦虑》

（美）卡伦·霍妮著，美玉译，中国致公出版社，2018年版。

推荐理由：卡伦·霍妮是一位德裔美国心理学家和精神病学家，是新弗洛伊德主义的主要代表人物。霍妮在书中系统阐述了文化神经症理论的基本主张，详细论证了神经症形成与文化因素的关系，对以弗洛伊德为代表的正统精神分析进行了批判和修正，抛弃了弗洛伊德的生物决定论，转而提出文化决定论。她认为，每个人的内心时刻处于各种矛盾与冲突之中，"亲近人""对抗人""逃避人"的冲动是每个人同时具有的主要冲突。这些冲突、冲动相互不协调的结果导致了各种焦虑。本书虽然有些学理化，但也不乏是通俗的心理学作品，可以作为焦虑自助手册使用。

4. 《心理医生为什么没有告诉我》

（美）伯恩著，邹枝玲、程黎译，重庆大学出版社，2014年版。

推荐理由：本书经过多次改版，被译成多种文字，始终排名在全球100本焦虑症治疗畅销书的前列。书中介绍了许多种焦虑症，如社交焦虑、广泛性焦虑；也介绍了多种应对与治疗的方法，如焦虑症的内观疗法、现实生活脱敏疗法、焦虑症的存在主义和灵修治疗、营养疗法、药物治疗，等等。这是一本焦虑症自我救赎指南，实用性比较强。不仅是心理治疗师必备的参考书，更是焦虑症患者必备的心理保健书。

5. 《焦虑急救》

（澳）贝芙·艾斯贝特著，李雪云译，北京联合出版有限公司，2019年版。

推荐理由：本书的作者贝芙·艾斯贝特曾经受到焦虑的严重侵扰，经历过一段艰苦的心路历程之后战胜了焦虑。后来从事心理咨询工作。作者用自己的专业知识与经历帮助焦虑者，使焦虑者学会做自己的咨询师，教他们如何平复情绪，最终重获心灵自由。作者在书中提供了30种应对焦虑的方法与技巧，相信通过这些对策的学习，能够帮助正在经历焦虑的人找到与焦虑共处的方法，最终找回内心的平静。

6.《远离焦虑》

（美）威尔逊著，陈晓艺译，重庆大学出版社，2015年版。

推荐理由： 本版《远离焦虑》是经过全新修订的最新版，是有关焦虑症研究领域的领先之作。在书中，作者结合最新的研究成果与成功的治疗经验，解释了惊恐症使人衰弱的原因以及到底需要做些什么才能康复。本书为患者提供了最直接、最有效的自助计划，提供了一个可以经历时间考验的康复策略。

7.《焦虑的意义》

（美）罗洛·梅著，朱侃如译，广西师范大学出版社，2010年版。

推荐理由： 罗洛·梅是一代心理学大师，是美国存在心理学之父，也是人本主义心理学的杰出代表。本著作是专门为最普遍的心理问题——焦虑而写。罗洛从哲学、心理学、文化学、生物学等学科角度，分析了焦虑发生的心理本质及其积极意义。他认为，人的活力、创造性需要适度的焦虑，两者之间有内在关联，有焦虑并不意味着不健康。他结合许多临床案例给出了管理焦虑的建议。相信读过此书，读者会懂得我们所害怕的，正是我们所渴望的。与焦虑同行，方可成就更好的自己。

8.《精神焦虑症的自救》

（英）克莱尔·威克斯著，王泽彦、刘剑译，新疆青少年出版社，2012年版。

推荐理由： 本书的作者克莱尔·威克斯博士是一位神经学科医生，心理学家。本书有两卷，分别是病理分析卷和演讲访谈卷。书中有对精神焦虑症的产生和发展过程、治疗方法的介绍。本书与其他心理治疗的书籍相比，成功的地方是能够减少或终止病情的反复，直至彻底痊愈。这本充满了爱心的心理自救书，语言柔和，可以教你摒弃过去，成为更完美的自己。

9.《你的生存本能正在杀死你》

（英）马克·舍恩、克里斯汀·洛贝格著，蒋宗强译，中信出版社，2014年版。

推荐理由： 你是否会因为生活中鸡毛蒜皮的小事而生气？是否会因为别人突然插队而生气？是否会因为频繁看手机微信耽误工作而感到懊悔？是不是觉得自己永远都成不了最好的自己？是不是为永远也做不完的事情

而身心俱疲？我们的生活条件越来越好，可是内心却变得越来越焦虑。本书的作者认为，这一切都是因为过于敏感的生存本能导致的。本书探索了生存本能对每个人所产生的重要影响，分析了生存本能与焦虑不安等各种不适感受的联系，随后给出了一些实用的方法。相信阅读此书，可以让个体学会如何用最合理的方式去应对外界环境的刺激，摆脱焦虑与挫败，展现个人的最佳状态。

10.《解忧小铺：焦虑分子的治愈指南》

（英）马丁·罗斯曼著，郑超凡译，人民邮电出版社，2017年版。

推荐理由：马丁·罗斯曼博士作为心身医学领域的先驱，在书中结合了脑科学、情商和心身医学的最新研究结果，解析如何控制压力和焦虑的应激反应，提出了全新的解决方案，帮助人们打破焦虑循环，让忧虑成为人类珍贵的心理功能。他辩证地阐述了忧虑、焦虑和压力的关系，认为忧虑可以分为积极的和消极的。积极的忧虑让人居安思危，提前避开危险；消极的忧虑可以慢慢变成压力。马丁·罗斯曼博士认为，大脑可以分为"理性半脑"和"感性半脑"，书中介绍了多种放松和意象练习的方法，这些方法可以用来开启感性半脑中潜藏的智慧。还介绍如何一起运用"理性半脑"和"感性半脑"创造出有效的全脑解决方案。

11.《身份的焦虑》

（英）阿兰·德波顿著，陈广兴、南治国译，上海译文出版社，2018午版。

推荐理由：在别人眼里，我是什么样子呢？是成功者还是失败者？是受欢迎的还是被拒绝的？其实，每个人的内心都会对自己的身份存在某种程度的焦虑。本书将带领读者直面人心深处的焦虑情结。阿兰·德波顿虽然不是心理学家，但是他通过援引艺术家、思想家及作家的观点与作品，对身份焦虑的根源进行抽丝剥茧般的层层剖析，并从哲学、艺术、宗教等角度探索舒缓和释放这种焦虑的途径。一支妙笔写出如花美文，让读者在不经意间，突破心性的困惑，解开心结，感悟人生更加丰盈适意的含义。

推荐电影

1.《我的时代和我》

2018年，中国，导演：朱允、杨跃强、李茹涵，主演：易烊千玺、蔡国强、杨紫琼等。

推荐理由：《我的时代和我》是一部讲述明星如何在日常生活中坚持

自我的优秀纪录片。节目组用时一年多跟拍影片中的明星，拍摄他们日常的工作与生活。用朴实而客观的镜头，反映出真实的情况。通过影片会发现，这些演艺明星会焦躁、会紧张、会感到工作的疲倦，让观众看到他们与普通人无出一二的表现。在现代社会，任何人都会遇到焦虑之事，而能够成功的人往往是懂得如何面对和处理焦虑的人。

2. 《更好的生活》（A better life）

2011年，美国，导演：克里斯·韦兹，主演：德米安·比齐尔、乔昆·科西欧等。

推荐理由： 这是一部墨西哥非法移民版的《偷自行车的人》。一位墨西哥非法移民卡洛斯在洛杉矶为有钱人修剪花园，希望为自己和儿子带来更好的生活。然而，不如意的事接二连三地发生。卡洛斯的老板准备回国，要出售自己的卡车和园丁的工具。为了有更好的生活，卡洛斯借钱买下了车子和工具。然而，车子被一个叫桑迪亚哥的人偷走了。为了找回车子和即将到手的生活，卡洛斯和儿子开始了寻找桑迪亚哥的旅程。在这个过程中，他们见识了许多墨西哥黑户口移民的悲惨生活。找到桑迪亚哥之后，发现他已经把车卖到了黑市。无奈之下，卡洛斯从黑市"偷回"了属于自己的车。后来，这辆没有挡风玻璃的车被警察盯上了。没有驾照、没有合法的移民手续，卡洛斯很快就被遣送回了墨西哥。因为生活的艰辛和对儿子的疏忽，儿子陷入了青春期愤怒与犯罪之中，误入歧途。为了赢得更好的生活，为了挽回与儿子的关系，卡洛斯付出了巨大的努力。生活中的焦虑就是那些生活之事与家庭之事，这些生活焦虑很容易让人内心产生愤怒。通过观看这部电影，可以让我们了解焦虑的生活中什么是最重要的，什么是征服焦虑生活的力量。

3. 《海上钢琴师》（The Legend of 1900）

1998年，意大利，导演：吉赛贝·托纳多雷，主演：蒂姆·罗斯、比尔·努恩、梅兰尼·蒂埃里等。

推荐理由： 无论是在哪个时代，哪个文化体系下，个人必然要与世界、与他人建立认同关系，并且要遵循文化，逐步建立起自己在社会文化秩序中的个体角色。这就是身份认同。身份认同简单地说就是指个人与特定社会文化的认同。身份认同理论认为，身份认同是由社会环境形成并被不断影响的。《海上钢琴师》就是一部反映身份认同焦虑的电影。《海上钢琴师》中的男主人公1900是一个弃婴，他在一艘远洋客轮上与钢琴结缘，后来成为钢琴大师。影片中男主人公由于没有与象征外部力量的转型时代的美国产生"内部—外部对话",个体与社会的互动产生了身份认同焦虑,带来了极大的精神痛苦,最后陷于死局。通过观看电影,我们可以更好地理解我是谁,从何而来,到何处去。

4.《三傻大闹宝莱坞》(3 idiots)

2011年,印度,导演:拉库马·希拉尼,主演:阿米尔·汗、马德哈万、沙尔曼·乔什等。

推荐理由:《三傻大闹宝莱坞》是根据印度畅销书作家奇坦·巴哈特的处女作《五点人》改编而成的。影片讲述了三位主人公法罕、拉加与兰彻的大学故事。三人都在印度著名的帝国工业大学学习。然而,法罕、拉加有着自己的理想,并不想学习现在的理工专业。法罕想成为一名野外摄影师;拉加的家里人希望他毕业之后找份好工作改善家庭的经济状况。兰彻则是一个与众不同的大学生,公然顶撞院长,质疑他的教育理念与教学方法。兰彻的优异表现受到模范学生查尔图的不满,他们约定10年后再一决高下。毕业时兰彻却选择了不告而别。10年之后,事业有成的查尔图找来法罕、拉加,一同踏上寻找兰彻的旅程,也发掘出兰彻不为人知的秘密……通过观看电影,可以从男主角身上学习到那种超脱的精神,可以让自己追随内心的自由,更加纯粹地遵从心声,为自己而活,简单快乐地生活。如果能这样,焦虑也就会离我们远去。

5.《白日梦想家》(The Secret Life of Walter Mitty)

2013年,美国,导演:本·斯蒂勒,主演:本·斯蒂勒、克里斯汀·韦格、西恩·潘。

推荐理由:电影《白日梦想家》是由本·斯蒂勒执导的奇幻剧情片。影片主要讲述主人公沃尔特·米蒂的故事,他在一家杂志社做资产部管理主任,已经工作了16年,工作生活就是日复一日的重复单调。性格内向的他经常会幻想自己做了一些不可思议的事情,时不时进入某种"出神"的状态。直到有一天,公司被其他企业并购了,杂志需要做最后一期的封面,而封面能否成功的关键在于要找到狂野摄影师尚恩的一卷胶片。主人公沃尔特·米蒂决定亲自前往寻找,从而开始了一段不可思议的奇妙冒险旅程。通过观看影片,我们可以发现,每个人的生活在某种程度上都存在着一定的重复与单调,让人们渐渐失去了让生活变得有趣的欲望,没有了改变的动力,焦虑就有可能找上我们。于是,我们就会用幻想来应对,而放弃了现实的努力。其实,有时候我们需要放空自己,停止活在幻想之中,多去体验现实的世界,这样我们就会发现白日梦远不及现实那样丰富多彩、波澜壮阔，自己的那些烦恼忧愁也是微不足道的。

6.《双赢》(Win Win)

2011年，美国，导演：托马斯·麦卡锡，主演：保罗·吉亚玛提、艾米·莱安、鲍比·坎纳瓦尔等。

推荐理由： 电影《双赢》是由托马斯·麦卡锡执导的一部带有喜剧色彩的电影。故事的主人公迈克·弗兰赫是一名职业律师，由于事业发展并不顺利，于是他兼职做高中的摔跤教练。迈克在帮一位痴呆症老人里奥打监护权官司时，阴差阳错地将自己变成了他的监护人。有一天，里奥的孙子凯尔突然回到爷爷身边。因为他和吸毒的母亲不和，所以来投靠外公。迈克只好收留他并安排他到附近高中念书。迈克很快发现凯尔是个很有天赋的摔跤手。迈克照顾里奥和凯尔的生活，他每个月有1 500元监护收入补贴家用，而且迈克的队伍里还多了个主力健将，局面似乎很"双赢"。然而，凯尔的母亲出现了，扬言要毁掉一切。这让迈克开始重新审视自己的家庭观和是非观。影片在某种程度上讲述的是让普通人焦虑的家庭生活的苦恼与琐事。通过对这些内容的展现，影片探讨了人生中潜在的不为人知的惊喜，以及人际间温暖的情感关系的力量。

7.《尽善尽美》(As Good as It Gets)

1997年，美国，导演：詹姆斯·布鲁克斯，主演：杰克·尼科尔森、海伦·亨特、格雷戈·金尼尔等。

推荐理由： 电影的主人公是作家梅尔文，他没有家庭也没有朋友，脾气古怪，过度焦虑，还有些强迫症。他的邻居西蒙是一位同性恋画家，养了一条可爱的小狗。有一天，西蒙遭到抢劫，并身受重伤。西蒙在住院之前将小狗托付给梅尔文照料。梅尔文在照顾西蒙的狗的过程中，渐渐喜欢上了小狗，于是他的心理也发生了变化，他冷漠的心态逐渐被治愈。他开始关注周边的世界，主动帮助别人。同时，他开始认真审视自己对餐厅女招待卡罗尔·康奈莉的好感。通过观看影片，我们可以明白一个道理，人是可以改变的，人的态度、情绪也是可以改变的。这个改变是一个循序渐进的过程。虽然这种改变会涉及个体的性格特征、成长经验、个人欲望，等等，但是爱是化解焦虑最强的力量，是促进改变的最美的理由。

8.《托尼·厄德曼》(Toni Erdmann)

2016年，德国，导演：玛伦·阿德，主演：彼得·西蒙尼舍克、桑德拉·惠勒、米夏埃尔·维滕博恩等。

推荐理由：电影展现的是发生在一对父女之间的故事。父亲温弗雷德是一位钢琴老师，喜欢化妆，喜欢开玩笑，随身总是携带牙套、假发。女儿伊奈丝是一位女强人，企业的高层管理者，一心扑在工作上，无论是对自己还是对待他人都非常严格，她的生活在某种程度上也是一成不变的规律。因此，她常常因为高度紧张的工作而变得十分焦虑。父女的关系比较紧张，为了缓解关系，父亲主动找到女儿，介入她的生活中。父亲发现女儿时刻都处在高度紧张的压力下，生活并不快乐。于是，父亲给自己编造了一个新的身份：托尼·厄德曼，利用这个身份来帮助女儿重新找到生活的方向、生活的乐趣。观看这部影片，我们可以明白一个道理，亲情拥有让焦虑逃走的力量。

附录：焦虑自评量表

焦虑自评量表

(Self-Rating Anxiety Scale)

焦虑自评量表共有 20 个题目。请仔细阅读每个条目，然后根据最近一星期以内自己的实际感受，选择一个与你的情况相符合的答案，在 1~4 分适当的分数下画"√"。请不要有所顾忌，应该根据自己的真实体验和实际情况回答，不要花费太多的时间去思考，应顺其自然，根据第一印象做出判断。

请仔细阅读每条，把题目的意思看明白，然后按照自己最近一周以来的实际情况填写，对下面的 20 个条目按 1~4 级评分：

1. 没有或偶尔；2. 小部分时间；3. 大部分时间；4. 绝大部分或全部时间。

1. 我觉得比平常容易紧张或着急	1	2	3	4
2. 我无缘无故地感到害怕	1	2	3	4
3. 我容易心里烦乱或觉得惊恐	1	2	3	4
4. 我觉得我可能将要发疯	1	2	3	4
5. 我觉得一切都很好，也不会发生什么不幸	1	2	3	4
6. 我手脚发抖打战	1	2	3	4
7. 我因为头痛、颈痛和背痛而苦恼	1	2	3	4

续表

8. 我感觉容易衰弱和疲乏	1	2	3	4
9. 我觉得心平气和，并且容易安静坐着	1	2	3	4
10. 我觉得心跳得很快	1	2	3	4
11. 我因为一阵阵头晕而苦恼	1	2	3	4
12. 我头晕发作，或觉得要晕倒似的	1	2	3	4
13. 我吸气呼气都感到很轻松	1	2	3	4
14. 我的手脚麻木和刺痛	1	2	3	4
15. 我因为胃痛和消化不良而苦恼	1	2	3	4
16. 我常常要小便	1	2	3	4
17. 我的手脚常常是干燥温暖的	1	2	3	4
18. 我脸红发热	1	2	3	4
19. 我容易入睡并且一夜睡得很好	1	2	3	4
20. 我做噩梦	1	2	3	4

结果解释：

5，9，13，17，19 五个项目需要进行反向计分。原始总分为将 20 个项目的各个得分相加即得；标准分为原始总分乘以 1.25，四舍五入取整数即得，标准分分数越高，表示这方面的症状越严重。

一般来说，焦虑总分低于 50 分者为正常；50~60 分者为轻度，61~70 分者是中度，70 分以上者是重度焦虑。

第五章　恐惧情绪的团体辅导

导语

恐惧作为一种基本情绪体验，经常与不安、害怕、危险等相联系，是对客观存在危险的一种本能的、正常的心理应激反应。恐惧情绪具有生理、心理、社会方面的特征与功能。

恐惧生理功能是指身体的哪一部分在控制着恐惧。大脑右半球管理着恐惧。科学研究显示，当个体遇到令其恐惧的事物时，流经大脑右半球的血液流量明显增长，感觉器官接收到的真实存在或是有可能存在的危险刺激信号，激活了大脑类扁桃体，然后发出惊跳、紧张、警觉的预警。接下来，大脑中海马体和前额叶皮层对这些信息进行评估，从而得出一个符合当下情景的行动方案。

恐惧的心理特征是指作为一种激情，是一种由于感觉面临危险而引起的令人不快的情绪。也就是说，危险并不一定在当下真实存在。像"惊弓之鸟""草木皆兵""一朝被蛇咬，十年怕井绳"，都属于这种现象。其中的原因在于，个体出于自我保护的天性本能，对于那些有可能再次遇到的风险与威胁，将逃避和退缩的行为存储到了个体的记忆当中，以备不时之需，以确保个体安全。

恐惧的社会特征表现在三个方面：首先，恐惧具有流动性，也就是恐惧是会传染的。一个人的惊慌可以传递给同伴，导致一群人的惊慌。其次，恐惧情绪产生的同时还会伴随许多其他情绪体验，例如，怯懦、惊吓、恐慌、焦虑、愤怒等。最后，恐惧会转化为其他情绪。例如，迷恋与热爱。如变态的邪教组织，会利用恐惧建立徒众与组织头目之间的感情联系，使徒众迷恋、信奉头目。

每个人在一生中的某个时段，都或多或少要经历恐惧。随着现代生活节奏的加快，我们面对恐惧的时候似乎变得更多了。恐惧是对真实的危险或想象威胁的一种心理反应，对个体来说是一种有益的防御反应，对于保护个体的生命安全有着重要意义。然而，恐惧作为个体心理体验，对人的情绪情感、行为方式、人际关系、认知能力等会产生负面影响。有些微小的恐惧是个体成长过程中不可避免的副产品，随着年龄的增长，通常情况下会自动消失。然而，有些因为创伤性事件或者接触不适宜的社会环境造成的恐惧，如果处理不当，有可能引发心理问题。一旦恐惧在我们头脑中出现，就会成为我们感情经历的一部分。例如，在驾车过程中发生了惨烈的车祸，我们看到鲜血、尸体。这种突如其来的变化，会对我们产生巨大的冲击，对身体和精神造成非常大的影响，使身体产生很大变化。外部表现是受到惊吓时的紧张、脸色变白等。比外部反应更重要的是身体内部的变化：体内会发生一些重要的化学反应，严重的会在某种程度上打破身体平衡。

恐惧有积极的一面和消极的一面。当我们感到处于危险的环境中时，恐惧是作为一种警戒信号的情感反应。当环境确实危险并危及我们的生活或身体健康时，恐惧是有益的。当一阵强风吹过来，你会远离悬崖的边缘，这时的恐惧是有用的和救命的；避开朝你咆哮的大狗，是一种具有正面效果的恐惧；当房子失火，恐惧会促使你迅速逃脱。在所有的事例中，恐惧是作为一种积极而具有保护性的冲动动员你逃走，使你从危险的环境中脱身。

但是现代社会把另外一种恐惧给我们，这是一种保护我们免受失去价值、不能被爱或者被抛弃的情感威胁的恐惧。当身体处于不安全状态时，你没有很多时间为这些事情担心，因为自杀率最低的环境就是在战争期间。当我们身体的基本安全需求得到满足时，才允许自己对一些不很可怕的环境感到焦虑不安。事实上，我们今天所经历的恐惧，主要与我们想象中发生的事情有关，而与这些正在发生的事情无关，想象中的未来不幸事件充斥了我们的大脑。比如，"如果明天让我在大会上发言我将怎么办""如果我喜欢的人拒绝我怎么办"，这些消极的预测经常使我们不能活在当下，过多地担心明天。在这一点上，恐惧就可能失去积极的一面，而变成消极的力量。只要你把恐惧作为一种警戒信号，并采取行动去克服困难，恐惧依然会保持其积极的作用。一些人能够创造性地利用恐惧达到他们的目的。他们把焦虑作为一种动力，获得新的、更加美好的事物，帮助他们集中精力增强感知机遇的能力。换句话说，恐惧充当了一种动力。而消极的担忧拒绝解决问题，只是坐等、忍耐，对可能发生的事情感到害怕。由于恐惧没有通过行动而缩减，将一直存留在人们的大脑中，直到人们开始解决这个问题为止。如果你延迟或拉长了处于被动状态的时间，就会处于恐惧忧虑的紊乱状态，会产生大量有害的作用。产生消极力量的另一面是能在某种程度上打乱你的情绪平衡，使你的身体机能不再正常地发挥作用。如果恐惧没有释放，你就会困惑、不安，很怕做出决定。你会感到悲痛或更有挑衅性、失控，严重者还会导致神经衰弱。恐惧情绪发展到极端病态就会变为恐惧障碍。恐惧对个体的行为和社会适应能力都会造成极大的负面影响。2005年，四川大学研究者吴守良做了大学生恐惧研究调查，结果显示，有相当比例的学生具有较严重的社交恐惧现象。

有几种恐惧症在日常工作与生活中比较常见。第一种是幽闭恐惧症。这种恐惧症是当个体身处密闭的、封闭的空间区域就会感到焦虑，像电梯、车厢、机舱类封闭的空间，就会出现恐惧心理。第二种是密集物体恐惧症。这种恐惧是个体对密集物体发生本能的恐惧心理。对密集排列的相对小的物体很敏感，感觉头晕、恶心、头皮发麻。莲蓬图正是利用这一点让人产生恐惧的情绪。其实，图片本身并不可怕、不恶心，纯属于一种心理反应而已。第三种是社交恐惧症。这种恐惧症的主要特点就是害怕被人关注、注视。一旦发现有人注意到自己的行为就会变得不自然，会脸红、低下头、目光不敢与人对视，因而不愿社交，不敢在公共场合演讲，等等。社交恐惧症中有一种叫余光恐惧症，就是一个人在注视某人或某物时，会不由自主地同时在看旁边的其他人或物。注意力总会被余光所及的旁人或物体吸引，无法自由地移动自己的目光。在这种恐惧心态下，会更加关注自己的余光，因此易产生更多的焦虑。

如何才能克服恐惧？如何才能成为一个无所畏惧的人？解决恐惧的根本办法唯有直面恐惧，拥抱未知。

谈恐惧

没有一种情绪像惊恐那样容易传染。

〔法〕蒙田

唯一我们需要恐惧的，就是恐惧本身。

（美）罗斯福

唯一真正的监牢是恐惧，而唯一真正的自由就是摆脱恐惧。

（缅）昂山素季

恐惧心理比任何东西更有害于创造力的发挥。

（法）司汤达

人们花在逃避恐惧的心力，远比花在争取自己所要的东西的心力还要多。

(美) 丹·布朗

要是人没有了恐惧心就一切全完了！一切全毁了！一切全垮了！据说，世界就是靠人们的恐惧心来维持的啊！

(俄) 高尔基

恐惧是一面哈哈镜，它那夸张的力量把一个十分细小的、偶然的筋肉悸动变成大得可怕、漫画般清楚的图像，而人的想象力一旦被激起，又会像脱缰的马一般狂奔，去搜寻最离奇、最难以置信的各种可能。

(奥) 茨威格

人类最原始且最强烈的情绪就是恐惧，而最原始且最强烈的恐惧就是对未知事物的恐惧。

(美) 洛夫克拉夫特

现在的恐惧还不如可怕的想象。

(英) 威廉·莎士比亚

名人故事

故事1　克里蒙·斯通的故事

美国"保险怪才"、联合保险公司董事长克里蒙·斯通曾经是美国富人之一。

克里蒙·斯通出生于1902年，父亲早逝，母亲独自把他抚养长大，所以母亲对他个性的形成有着很深的影响。斯通的母亲替人缝衣服存了一点钱。在斯通十几岁的时候，母亲把钱投到底特律的一家保险经纪社。这个保险经纪社是替底特律的美国伤损保险公司推销意外保险和健康保险的，里面的推销员只有斯通的母亲一个人。她第一天一个保险也没有推销出去，但是母亲并没有气馁放弃。而后，她来到底特律最大的银行，成功说服一位高级职员买了保险，同时准许她在大楼里自由走动，那天共有44个人向她买了保险。

斯通小时候卖过报纸。斯通卖报时，有家餐馆把他赶出来好几次，但他还是一再地溜进去。餐馆的客人见斯通年纪轻轻但是勇气非凡，便劝阻餐馆的人不要再赶他出去。结果虽然他的屁股被踢得很疼，口袋却装满了钱。

卖报纸的事令他深思:"哪一点我做对了呢?""哪一点我做错了呢?""下次我该怎样处理同样的情形呢?"他一生中都在这样问自己。后来他悟出来一句自己信奉多年的座右铭:"如果你做了,没有损失,还可能有大收获,那就下手去做。马上就做!"

渐渐的,母亲所在的经纪社发展起来了。斯通16岁时的那个夏天,也试着出去推销保险。母亲指导他去一栋大楼,从头到尾向他交代了一遍。但是他恐惧了。这时,当年卖报纸的情景又重现在他眼前,于是他站在那栋大楼外的人行道上,一面发抖,一面默念着自己信奉的座右铭。

斯通鼓起勇气走进了大楼,去了他能去的每间办公室。最后有两个人买了他的保险。按销售数量看,斯通是失败的;但按照面对恐惧的勇气看,斯通已经成功了。那一天斯通收获的不仅是几美元,还有如何面对恐惧以及克服恐惧的勇气。这为他以后的保险事业打下了基础。

此后的假期及后来放假的日子里,他继续替母亲推销健康保险和意外保险。假期结束,斯通已经可以做到一天卖出20份保险了。当时的斯通还是个中学生,但是他一天的工资已经超过了学校校长,为了赚更多的钱,斯通办理了退学。但没有完全放弃学习,之后还是把中学的课程补完,拿到了毕业文凭。后来斯通走遍了密歇根,平均一天卖出30份保险。

20岁的时候,斯通搬到芝加哥,开了一家只有自己一个人的保险经纪社——"联合登记保险公司"。开业的第一天,他销出了54份保险。开业大吉,斯通信心十足。然后开始在其他地区扩展,事业一天比一天兴旺。最高纪录是一天卖出122份保险。经过4年的自我训练、自我鼓励之后,他达到了自我设定的目标。更可喜的是,以前买了保险的人,到期又要求继续下去,不必再花力气,佣金源源而来。

评论:恐惧并不可怕,而要正视恐惧,并思考如何战胜它。斯通对待恐惧有特殊技巧:首先面对恐惧,并合理地利用恐惧使自己成功,以恐惧为垫脚石,鼓起勇气逐渐走向成功。我们在与恐惧做斗争的同时也要时刻思考,把恐惧化为我们成功路上的动力,把我们推向成功的彼岸。

故事2 导演李安的故事

李安是我国著名导演,曾担任第66届威尼斯电影节评委会主席,执导的电影作品甚多,获得奖项甚丰。但很少有人知道,李安30岁之前有一个致命的缺点——怕水。据说李安怕水怕到洗脸的毛巾要拧得特别干，洗澡只能接受淋浴。李安的朋友们笑话李安是猫投胎的，和水八字不合。但只有李安的弟弟李岗知道，李安的怕水病是因为他而吓出来的。

1965年秋天，因父亲工作调动，李安兄弟俩被迫转到一所陌生的学校。在一片用闽南语交谈的氛围中，只会说国语的李安兄弟俩显得格格不入。一天傍晚，7岁的李岗被一群调皮的孩子捉住，扬言要把李岗推进水里，正在到处找弟弟的李安见了，一个箭步冲上来，却被其他孩子抓住手脚，倒提着抛进了小河深处。不会游泳的李安一下子就沉了下去，好在一个路过的行人听到李岗的哭声，把李安捞了起来。从被抛入河中到获救，对于10岁的李安来说，无异于一场噩梦。后来他昏迷、发烧、呕吐，反复折腾了两三个月才好，从那以后，李安就有了见水就头晕的毛病，打死不上游泳课。

1983年，李安和美国伊利诺伊大学的生物学博士林惠嘉结婚。林惠嘉对他怕水的毛病十分看不惯，下定决心要帮他改过来。为此，林惠嘉制定了一套治疗方案，其中第一招是从浴缸洗澡开始。她对着李安又拖又拉，又哄又劝，还特意穿一身清凉比基尼大施诱惑，谁知道李安一看满浴缸热气腾腾的水，腿就先软了，宁肯蹲在地上绝不跨进浴室一步。这个方案的失败并没有让林惠嘉放弃。新婚没多久，小两口有了一次回台湾探亲的机会。林惠嘉算好日子，兴致勃勃地与李安乘火车到新北市，这天是新北市一年一度的泼水节。街道上认识不认识的都用水枪、水桶热情"招呼"，小两口被浇了一身凉水，林惠嘉正沉浸在泼水节的快乐里时，回头一看李安，堂堂七尺男儿竟脸泛青灰，缩在墙角瑟瑟发抖。林惠嘉长叹一口气，叫了辆出租车带李安回家。

在那之后，什么养金鱼、敷面膜、找心理医生治疗、请算命先生编瞎话恐吓……各种招数都用尽了，李安的怕水症却更加严重，甚至连碗都不敢洗了，林惠嘉十分无奈，便由着李安去了。

1985年2月，李安的毕业作品《分界线》在纽约大学影展中获得最佳影片和最佳导演两个奖项，李安也当场被美国三大经纪公司之一的威廉·莫瑞斯公司签下，被劝说留在美国发展。崭露头角的李安没想到，这一签，竟让他坐了六年的冷板凳！最初的日子里，李安拿着剧本开始跑影片公司，两个礼拜跑了30多家，得到的答复永远都是：修改、等待、再修改、再等待……就这样，半年过去，李安"安"不下去了。他翻来覆去睡不着，仿佛自己会被无边无际的黑暗吞噬，那种极度的不安全感与溺水的感受一模一样。某一天夜里,被失眠折磨得痛苦不堪的李安翻身下床,打电话给自己的弟弟李岗。畅聊中,兄弟俩第一次说到了20年前的那次溺水,李岗说:"有时,人要勉强下自己的。你总要敢于面对某些东西,甚至明知不可为而为之,其实,它们并不像你想象的那么可怕……"李岗的话让李安联想起白天一个制作人对他的剧本做出的点评:"李,你太东方,太克制了!做电影要的是疯狂,你不合适!"李安霎时如醍醐灌顶:为什么他的剧本不受欢迎,就是缺少了一种把人逼到极致的东西!他当即决定尝试一把,他告诉李岗:"我想学潜水!"李岗大吃一惊:"你疯了!"抱定了决心的李安打开电脑,预订了一月后去马来西亚西巴丹岛的潜水课程。而这当中的一个月,就是李安预留给自己征服"水"的时间。

为了顺利完成潜水课程,李安在家里购置了一张水床。然而仅是坐在水床上的动作就已经让李安吓破了胆,尝试了多次才敢全部躺在水床上。

一个月后,战胜了水床和浴缸的李安独身一人出现在西巴丹潜水学校。李安的潜水第一课就是浸泡在海水里。他在池子里吐得上气不接下气,教练马修却视若无睹,只有瞄到李安呛水了,才一伸手把他捞起来,清理好海水池,又把李安扔回池子里。就这样泡了三天,李安脱了层皮,又红又痛,然而更惨烈的训练还在后面:乘船出海。在快艇上乘风破浪的快感放在李安身上,那就是折磨。他双手死死抓住船舷不放,整个人完全是晕死状态,马修有时叫他:"嘿,醒醒!"李安配合地抬一下头,马修便又放心地继续掌舵。说来也奇怪,在这种身心饱受摧残的状态下,李安的神智反而出奇地清醒,灵感更是纷至沓来。从前被毙掉的剧本纷纷在他脑海中走马灯一样地闪回,那些百转千回的情感冲撞、大喜大悲的人性更迭,统统都有了新的诠释。

又经过两周多炼狱般的呼吸和动作协调练习,马修宣布李安可以正式开始浮潜了。那一天,李安仿佛进入一个神秘的异度空间。在海底,李安睁开眼睛,第一次看到了小丑鱼,第一次透过潜水镜看着水中世界,李安惊呆了,没想到竟是这样的流光溢彩、如梦如幻!没有语言,没有听觉,唯有眼睛和心灵静静地感受海底世界的美妙和不可思议。那一刻,纠缠在他身上多年的关于水的梦魇就此退去,取而代之的,是他对大自然的敬畏和关于人性的永恒思索。也许,勇敢面对生命中的一切,才是人生最重要的。

1990年,厚积薄发的李安完成了《推手》和《喜宴》的剧本。剧本都是以家庭为切入点,讲述中西方文化的差异、冲突,讲述两代人之间的爱与妥协。两个剧本双双获奖，并得到了台湾中影制片公司的赏识，投资1 350万台币拍摄。电影上映后取得了票房奇迹，并相继斩获金马奖、金熊奖以及奥斯卡金像奖多项提名。几乎一夜之间，李安就成了蜚声国际的知名大导演。就在大家纷纷准备为他庆贺时，李安却奔往泰国潜水了。马修告诉他，在西巴丹海域，潜下4米，可以看见海星和竖琴珊瑚；如果想看见鲸鲨，就要去泰国的斯米兰群岛，潜到水下18米。想看到更多的风景，就必须潜得更深。就这样，李安从一个恐水症患者，变成了热爱潜水的人。几年时间，他潜遍了巴厘岛、红海、大堡礁、关岛还有印尼的蓝礁海峡的水域，取得了18米初级潜水执照。每当事业出现瓶颈，或是人生有了新困惑，李安都会选择潜入海底找答案。

1997年，李安策划《卧虎藏龙》，在新疆进行前期拍摄的过程中，他感到前所未有的压力。最后，他把自己丢到加勒比海潜水。为此，他参加了专门的喂鲨培训，出发前还给家人和公司写好了遗嘱。那天，李安穿着10公斤重的锁子甲潜水服，背负着15公斤重的氧气瓶，下潜到15米下的珊瑚礁与鲨鱼群"相会"。刚开始，李安放鱼放得太快，鲨鱼们急不可耐，着实把他吓得够呛。接下来他放慢节奏，缓缓向面前的大家伙递出一条鲱鱼，趁鲨鱼吞食的当儿，还壮着胆子伸手摸了摸它的头。透过锁子甲，李安仍然能感觉到鲨鱼牙齿的惊人力度。这次潜水喂鲨的经历实在让李安难以忘怀，当他升上水面，拍片带来的压力早就抛到了九霄云外。2000年，《卧虎藏龙》一炮打响，让李安如愿捧得奥斯卡小金人，老朋友徐立功向他祝贺时笑称："这可是你玩命喂鲨鱼拼回的奖，值得！"

2003年，20世纪福克斯公司买下了畅销小说《少年派》的电影版权，而这部发生在海上的纯意识流小说由于缺乏故事性，就连小说作者本人都认为它不适合拍成电影。经过几轮近乎苛刻的挑选，公司把这项不可能完成的任务郑重交到李安手上——他们认为"李安的每一次拍片都像是一次冒险，而他总能精彩地活着回来"。

李安接到任务也确实开始了他的冒险之旅：他报名参加了墨西哥海底洞穴潜水。在那里，李安仿佛看到了地球的最深处，也深刻感觉到自己和人类的远古祖先血脉相连：一名当地向导告诉他，海底洞穴是在最后的冰河期由于冰的作用而形成的，存在于整个尤卡坦半岛的下面。而这些洞穴，以前是玛雅人的饮用水蓄水池。

向导和李安潜进一个洞穴，李安看到的是一片荒凉，仿佛那里就是生命的极限，来自深水的非比寻常的压力，也让他看到了自己生命的极限。

在这种刻骨铭心的体验中,李安不断追问自己:人的内心要强大到什么地步,才能在面对宇宙洪荒的时候不发疯、不绝望,才能把一切熬过去?正是带着这个追问,李安在历经四年、改稿 400 次的基础上,拍出了拷问全世界灵魂的《少年派的奇幻漂流》。拍完少年派,功成名就的李安又悄悄躲开宣传期,奔赴在前往帛琉潜水的路途上。就像他早已打通了中西文化的任督二脉那样,李安已领悟了潜水与电影之间的隐喻,他人生的幻化和升华都在每一次潜水与拍片当中。他导演了无数精彩的电影,而正是当初他最恐惧的潜水导演了今天精彩无限的他。

评论:一方面,恐惧是"本能",是动物保持生存、维护自身安全的生理反应;另一方面,对于人来说,恐惧不仅是"本能",而且还是一种意识和情感反应,是各种社会关系综合作用下产生的结果。恐惧被认为是自我趋利避害的反应,即利己的感性活动。在某种原因下,人们产生恐惧,但恐惧并不意味着退缩,而意味着更好地保护自己。曾经溺水的经历给李安造成生命巨大的威胁,致使李安恐惧下水,而恐惧下水就是李安保护自己的方法。由此看来恐惧的产生也是理所当然,那么能克服恐惧便让我们看到了人身上所存有的巨大力量。恐惧虽然是一股强势的力量,但是并不像我们想象中那么可怕,如李安的故事,让我们明白恐惧完全可以通过自己的主观努力克服。

案例故事

案例 1　求助者阿南

求助者阿南,男性,19 岁,正在读大一,身材较矮。阿南是长子,家中还有两个弟弟。家庭状况较贫困。阿南小学时长得非常瘦小,经常被同学嘲笑,还经常被同桌的女生和班级的男生打骂,他都不敢还手。同时阿南有自卑情绪,认为自己长得不好看,日常穿着比较破旧。于是,阿南渐渐地对自己的社交能力产生了恐惧,不敢与人相处。上了高中,阿南怕被嘲笑还不敢和女生说话。高三的时候暗恋班上的学习委员,终于鼓起勇气写了封情书,但始终不敢送出去。不知道怎么被后座的男生发现,在班上念了出来,受到了班里同学的讥讽和嘲笑。他感到尴尬和无力。阿南的社交恐惧进一步加深,从此以后,他看到同学便绕道而行。

进入大学以后，阿南希望可以有个新的开始，通过节食，用省下的钱买了比较贵的衣服，希望可以从装扮上着手改变自己。阿南的情况有所好转，但是仍不敢与女生靠近，更不敢与之交谈。半年前，在食堂吃饭时碰到高中女同学，女孩开玩笑直呼其为"癞蛤蟆"。他直接低头跑回了宿舍，从此，他变得不愿出门，并且觉得所有的人都在嘲笑自己，更不敢看别人的眼睛，觉得别人的眼里透露出来的都是嘲笑，上课时也不与人接近，不敢抬头，后来时常旷课，待在宿舍不愿出门。甚至还买了一堆泡面，囤在宿舍，基本上只待在宿舍里，任何活动都不参加。阿南对人际交往产生了恐惧，不敢与人接触，对待周围人一直逃避。

后来，阿南找到学校心理咨询室进行长期的心理咨询，咨询师根据他的情况采用了合理情绪疗法，经过六次咨询，求助者的情绪问题基本解决，取得了较好的咨询效果。

通过回访和跟踪，发现咨询已基本达到预期目标，阿南改变了原有的不合理信念，对自己的认识更为客观，性格变得开朗了，基本战胜了对人际交往的恐惧，人际交往向良性转变。

评论：阿南的案例让我们了解到对待恐惧不能一味逃避，把自我关在恐惧的牢笼里，让恐惧主导我们的生活。阿南的情况并不是个例，可能出现在生活中的任意时刻，我们所应该做的是积极地面对。对于我们来说，恐惧会一直存在，但是我们可以去战胜它，并将其化作我们成功路上的助力，一步一步走向巅峰。恐惧是人生路上的伴生品，与其视它为敌，不如化为朋友，正视恐惧。

案例 2　小孩与蛇

这个案例发生在美国，一个 6 岁的小男孩在河里玩耍，周围空无一人。当小男孩正玩得高兴时，远处有一条蟒蛇向他游来，而他全然不觉。就在蟒蛇把他缠起来时，小男孩在惊慌之中用手掐住了蟒蛇的要害。蟒蛇很大，即使已经被掐住要害，但它依旧裹紧躯体缠住小男孩，令他窒息。好在小男孩身材瘦小，蟒蛇无法把他缠紧。就这样小男孩一直用力掐住蟒蛇的要害，直到他晕过去。后来当人们发现小男孩时，发现他的手还在紧紧地掐着蟒蛇，而蟒蛇早已死掉。

评论：原来深处恐惧中的人，能激发出无限的潜能。若你真的了解你的潜能，便会发现从前我们多么容易活在对自己的误解中——每一次心有所惧时便逃开、转移方向或把自己的情绪投射给别人，表示我们不自觉地一次又一次地认为，恐惧很强大，而自己很弱小。当你活在恐惧中时，焉能想到恐惧本身从来没有那么大的力量，之所以可怕，是因我们无意中选择了将自己的力量交给它！

心理学实验

实验1 华生的小阿尔伯特恐惧实验

行为主义创始人华生相信人类情绪是学习和条件反射的产物。他曾为此设计过一个闻名中外的实验。实验思路是：如果建立起被试对原本不恐惧的事物和恐惧情绪之间的条件反射，那么就能使原本中性的事物变得能够引发恐惧情绪，于是就"学会"了恐惧。

华生找到一名9个月大的婴儿阿尔伯特作为被试。实验开始时，阿尔伯特对巨大声响表现出本能的恐惧反应，而对于兔子、白鼠、狗和积木等并不害怕。实验过程中，研究者反复向阿尔伯特同时呈现白鼠和巨大声响。在白鼠与声音7次的配对呈现后，即使不出现声音时，阿尔伯特也对白鼠表现出极度的恐惧。

随后研究者发现，阿尔伯特对白鼠的恐惧泛化到了许多相似事物上：他开始对狗、白色皮毛大衣、棉花、华生头上的白发以及圣诞老人面具等毛茸茸的东西都感到恐惧。实验还发现，以条件反射程序习得的恐惧，具有跨情境的稳定性，即阿尔伯特对上述事物的恐惧在实验室环境以外也能被观察到；此外，在停止实验31天后，阿尔伯特的恐惧仍未消退，说明了这种习得情绪的持久性。

评论：华生的实验说明了恐惧情绪是可以通过条件反射后天习得的。这一研究结果可以用来解释常见的其他情绪，如愤怒、愉快、伤心、惊讶或厌恶等的缘由。比如我们在听到老歌时会伤感，在求职面试时感到紧张，在春天到来时感到愉快，在看牙医时感到害怕……这些情绪的根本原因，在于此前生活中建立的复杂的条件反射。

实验 2 美国心理学家马丁加拉德的心理学实验

曾经有一个被宣判死刑的犯人被蒙上双眼、绑住四肢，躺在床上等待刑罚。法官让助手用小木片轻轻划过犯人的手腕，给犯人营造出一种放血的假象，同时打开了水龙头，水滴落在床下的铜盆中，在寂静的房间里显得十分清脆、可怕。随着水滴由快到慢的滴落，犯人心里产生极大的恐惧，他以为自己的手腕已被割开，自己的血在一点一点流尽。最后囚犯听着"血液"滴落的声音，绝望地慢慢昏死过去。

原来当人沉浸在恐惧的情绪中时，理智就会失去运转，不会让我们的行为对改变现状奏效。但是当真的危险靠近时，我们并不会立刻感到恐惧，更多的时候，担心与害怕是我们事前或事后"细想"才油然而生的。所以说恐惧是自己最大的敌人，我们恐惧的，就是恐惧本身。

评论：从该实验中可以看到，恐惧往往是自己建构的结果，如实验中囚犯并没有被割腕放血，而只是听到水声就想象自己在流血，增加了囚犯的恐惧感，而这种恐惧感并不是事物本身带来的，而是囚犯自己建构的。通过该实验能够认识到我们的恐惧并不是事物本身，真正恐惧的是自己。因此要克服恐惧，就要摆脱对恐惧的建构，只有内心强大，才能克服恐惧。

团体辅导活动方案

一、整体活动安排

活动	主题	活动目标	活动内容
1	恐惧与人生	了解恐惧是一种情绪反应，每个人都会遇到恐惧	1. 团体介绍 2. 放松训练 3. 我恐惧吗 4. 团体契约 5. 讨论分享
2	克服恐惧	认识恐惧的特征和表现	1. 不可否认 2. 直视恐惧 3. 向他人求助 4. 我的童年

续表

活动	主题	活动目标	活动内容
3	认识恐惧症	了解恐惧症的根源	1. 我所想的（认知的） 2. 我所做的（行为的） 3. 我感觉怎样（生理的） 4. 理解你的情绪 5. 找到你的恐惧源
4	克服恐惧的信念	树立克服恐惧的信念	1. 恐惧现场 2. 直面恐惧 3. 过速呼吸 4. 建立信念
5	情绪暴露练习	学会暴露自己的情绪	1. 暴露任务 2. 感受反应 3. 重新评估 4. 行为改进
6	恐惧症治疗	探索治疗恐惧的具体办法	1. 忘掉恐惧 2. 审视不合理的信念 3. 驳斥不合理的信念 4. 学会迁移

二、具体活动方案

活动1　恐惧与人生

活动目的	活动流程
帮助成员了解团体的工作方式	1. 团体介绍 组织者介绍团体
热身，让成员通过游戏和身体接触减少陌生感，同时体会个人的压力及焦虑情绪	2. 放松训练 组织者带领团体成员做冥想放松训练，并引导成员回忆自己曾经经历的最危难的时刻，回想当时是什么样的情境，你做了哪些反应，你的情绪状态如何

续表

活动目的	活动流程
了解并评估自己的恐惧程度	3. 我恐惧吗 你有过恐惧经历吗？当新的恐惧产生时，你能觉察到吗？将以后可能产生的恐惧记录下来，并在小组内分享
为保证团体正常发挥功能，实现团体组织者与成员之间的尊重与配合，建立团体成员共同遵守的规范	4. 团体契约 每个小组一张A4白纸，让小组成员共同讨论班级辅导规范，并在规定的时间内（5分钟）尽可能多地写出辅导契约，最后组织者请每个小组的代表宣读本组的规范，并强调保密、守时、尊重、接纳、不评价等基本原则。团体契约建立后请每位成员在契约上签下自己的名字
了解恐惧，了解自身面对恐惧时的"焦虑反应"	5. 讨论分享 恐惧和焦虑有什么区别和联系

活动2 克服恐惧

活动目的	活动流程
了解自身的恐惧情绪	1. 不可否认 你有恐惧症吗？小组内讨论，分享
了解自己的恐惧	2. 直视恐惧 如果面对你讨厌的东西，你的恐惧感增强，那么认真地思考一下，告诉自己"我能应付好这一切"。积极的决断或自我对话是应对恐惧的有效方法。请大家分享、讨论，我要对自己说什么，才能有助于自己直视恐惧
探索自身的社会支持资源	3. 向他人求助 社会支持是消除个人恐惧的有效资源，请大家分享每人拥有什么样的社会支持资源，包括自己信任的朋友、家人或治疗专家，讨论如何求助这些资源才能让自己不再对恐惧的事情感到害怕
了解恐惧的童年因素	4. 我的童年 每个人的恐惧都不是与生俱来的，都与个体的成长环境密不可分。请大家回忆寻找并分享有可能导致恐惧的童年时的事件、人物

活动 3 认识恐惧症

活动目的	活动流程
了解情绪体验的认知成分	1. 我所想的（认知的） 这是由情绪状态引起或与之相联系的思维。例如，一个感到悲伤的人可能会认为情景是毫无希望的或自己不能胜任的（我总是把事情搞砸）。一个感到骄傲的人可能会有这样的想法，认为自己很能干，可以克服很困难的事情（我知道我可以做好这件事！）。看看你能不能想出在下列状态下产生的想法，然后小组分享 （1）当人们焦虑的时候，他们会有什么想法 （2）当人们开心的时候，他们会有什么想法 （3）当人们害怕的时候，他们会有什么想法
了解情绪体验行为的情绪成分	2. 我所做的（行为的） 这是一个人应对情绪状态时所采取的行动或有冲动的意愿要去做的事情。通常情况下，人们会不假思索地对一种情绪做出反应。这是因为身体似乎"知道"应对这些情景的最好方式。这些体验是我们所说的情绪驱动行为。我们讨论过一些适应良好的行为驱动的例子，例如：一个在社交环境中会恐惧的人，突然发现他身处一群人当中，要与大家互动。在这种情况下，他可能会避免眼神交流甚至完全离开这个情景。看看你能不能想出在下列情绪状态下情绪驱动行为的例子 （1）当人们感到害怕或恐慌的时候，会做什么 （2）当人们很生气的时候，会做什么 （3）当人们感到羞愧或尴尬的时候，会做什么
了解情绪体验生理的情绪成分	3. 我感觉怎样（生理的） 这是与情绪状态相联系的，或者是你身体对情绪在生理上的一种应对方式。例如，恐惧通常伴随着心跳加速、肌肉紧张、呼吸急促。感到恐慌的时候，看看你是否能识别伴随情绪状态出现的躯体感觉
理解情绪的三成分模型图	4. 理解你的情绪 选择在一周当中出现的至少一种情绪体验，并将其分解为思维、躯体的感觉或感受以及行为
了解自身恐惧产生的根源	5. 找到你的恐惧源 通过以上活动，反思引起自身恐惧的因素是什么，用白纸写出来，并在小组讨论，直至最终找到引起恐惧的因素

活动4　克服恐惧的信念

活动目的	活动流程
了解恐惧的积极作用	1. 恐惧现场 想象一下，你和你的朋友正在穿过一条街道。突然，一辆汽车迎面驶来，发出尖锐刺耳的声音，并且左右摇晃着朝你开过来。你不假思索地跳到人行道上，并且把你的朋友拉到安全的地方，远离那辆开过来的汽车。想象一下，如果没有恐惧或对恐惧的自动反应，将会发生什么事情
了解恐惧的应对机制	2. 直面恐惧 想象一下，你在工作中或在学校里有一次很重要的报告，对你的工作或学习成绩很重要。随着日子临近，你会有什么感受？什么思考和什么行动？分析这些想法感受、思考和行动有什么积极的意义
感受恐惧带给身体的感觉	3. 过速呼吸 通过口腔用力进行急速的、深度的呼吸，持续约一分钟，就好像你在吹气球一样。该项练习是为了产生头昏眼花、晕眩以及非真实的感觉。或采用原地快跑的方式，站在原地进行高抬腿约一分钟的原地快跑。该项练习可以使心跳加快，呼吸急促，面色红润和体温升高
寻找信心，建立克服的信念	4. 建立信念 请大家讨论恐惧带来的生理感受是什么样的，要用什么样的信念对待这些生理反应，分享建立信心的语言或行动

活动5　情绪暴露练习

活动目的	活动流程
体验恐惧情绪	1. 暴露任务 闭上眼睛，想象一个让自己感觉恐惧的场景，仔细想一想发生的一些细节，什么时间，在哪里，在干什么，发生了什么后果，会有多糟糕，我会怎么样，我身边的人会怎么样。如：高速公路的连环撞车事故

续表

活动目的	活动流程
感受在恐惧情景下身体所做出的自然反应	2. 感受反应 仔细想象恐惧的情景,细节越精确越好,越与现实接近越好。感受想到这些细节的时候,身体各部分的反应是什么样的。例如,感受心跳的速度、血脉的收缩、各部分肌肉的僵硬,等等 与小组成员分享这种感受,讨论如何看待反应
聚焦思维方式,关注自动思维	3. 重新评估 讨论小组成员对于身体机能反应的思维特点是什么样的,对思维进行归类,讨论哪些是合理的、哪些是不理智的,哪些自动化的思维方式是有害的。对自动化的思维进行重新调整
总结反思,改进应对的方式	4. 行为改进 请小组成员分享在本次暴露任务中学到了什么?你担心的结果发生了吗?如何通过改进应对行为来战胜恐惧。请大家一起讨论如何用更为理智的方式应对恐惧,并总结出相应的策略

活动6 恐惧症治疗

活动目的	活动流程
梳理对于恐惧的信念	1. 忘掉恐惧 试着回想一些小时候让你感到惊慌、恐惧的事情。然后,看自己是否能找出那时候导致你情绪困扰的合理信念和不合理信念。看看今天你是否还在相信这些信念。 例如:"爸妈经常让我穿不合身的旧衣服,我觉得很丢人,所以常常待在家里,不愿意和其他孩子一起玩。" 合理信念: 绝对不合理信念: 现在的不合理信念:

续表

活动目的	活动流程
审视对于恐惧的不合理信念	2. 审视不合理的信念 无论何时你感觉早期经历影响了你或影响了你的心情,请回顾并重现这些经历,找出你的合理信念,以及导致你过去心理问题的主要不合理信念,审视一下现在你是否依然还在坚持这种不合理信念
驳斥对于恐惧的不合理信念	3. 驳斥不合理的信念 针对找出的不合理信念,进行归类,并寻找相反的证据来驳斥
将驳斥方法迁移应用到现实生活中,对未来建立信心	4. 学会迁移 想出一个在实际生活中让自己有恐惧感的事件,对这一事件的不合理信念都有哪些?驳斥那些应该、必须和一定要的不合理信念。大家相互鼓励,祝福彼此,结束团体活动

行动指南

理念指南

1. 恐惧是人类基本的情绪之一。
2. 恐惧是一种普遍经验。
3. 恐惧是一种人类的本能。
4. 恐惧是感知生命力的一种途径。
5. 不能正视恐惧,恐惧会成为阻碍。
6. 认识恐惧具有普遍性。
7. 承认并接受恐惧。

行为建议

1. 提高对事物的认知能力,扩大认知视野,判定恐惧源。
2. 谈论恐惧,与他人分享恐惧的感觉。
3. 分析恐惧中所包含的情感成分。
4. 回想自己的成就,列举自己的优秀品质,增强自信和自爱。
5. 在头脑中进行预先积极想象,并在行动中始终牢记它。
6. 行动前给自己以积极的暗示。

7. 抑制恐惧之后，回想所做的努力，记住成功的体验。
8. 用更加广泛、有意义和充满同理心的方式与恐惧建立联结。

重点推荐

推荐读物

1. 《直视骄阳——征服死亡恐惧》

（美）欧文·亚隆著，张亚译，中国轻工业出版社，2015年版。

推荐理由： 死亡与每个人息息相关。我们从出生的那一刻起就在走向死亡。或许你正处在死亡带给你的恐惧中，抑或许你已经走出这份恐惧。但是死亡阴暗的一面在每个人生命中的大多数阶段都存在着，你赞同这一点吗？当代存在主义心理治疗大师欧文·亚隆，在77岁高龄时探讨人们心中普遍存在却被长期否认和压抑的死亡恐惧。全书用了23个实际案例和许多文学名著、电影作品中的案例故事，和我们探讨了应对死亡恐惧的各种观念。在作者笔下，死亡不再是一件令我们谈虎色变的事情，阅读本书不仅会使读者在文字上感受愉悦，在心灵上更是豁然开朗。虽然直面死亡如同直视骄阳一样既痛苦又困难，但是如果想要自觉自知，真正了解人类生存的处境、人生的有限性以及短暂的生命之光，一定要阅读这本书，亚隆会以一位老者的身份带我们逐渐走近死亡、直面死亡，克服死亡恐惧。

2. 《直面内心的恐惧》

（德）弗里兹·李曼著，杨梦茹译，山西人民出版社，2013年版。

推荐理由： 作者弗里兹·李曼是慕尼黑心理研究及治疗研究所（现为心理分析与治疗学院）创始人之一，他以地球的行星运转原理——自转、公转、向心力和离心力为模式，分出四种人格：分裂、忧郁、强迫、歇斯底里。由四种人格深入四种恐惧的原型：害怕把自己交出去、害怕做自己、害怕改变以及害怕既定的规律。作者对滋生恐惧的四种人格诊断得惟妙惟肖，熟谙四种人格的感情世界，以精神分析的方法深入患者自幼成长的环境因素，辅以案例，剖析他们的侵略性、成因、行为模式等。此书的目的在于帮助大家多了解自己与别人，同时要告诉读者，童年阶段非常重要。另一方面，重新唤起大家重视感觉机能，呼吁大家关心自己的人格，直面内心的恐惧，修正过往的错误行为。

3.《我们内心的恐惧：如何过不焦虑的生活》

（美）琳达·萨帕丁著，谢庆红译，湖南文艺出版社，2019年版。

推荐理由：生活在恐惧中会令人畏惧、疲惫、沮丧，甚至有时候恐惧还具有破坏性。每个人在成长的不同阶段都会面对不同的恐惧时刻，有些恐惧让我们无法成为更好的自己。作者认为，恐惧是一种后天习得的生活方式，人们通过不同的方式表达他们的恐惧。恐惧包括：胆怯型恐惧、警觉型恐惧、依从型恐惧、大男子主义型恐惧、控制型恐惧五种类型，每种类型都有不同的特点和成因。本书不是教我们完全去除恐惧，而是让我们学会应对恐惧的技巧。这些恐惧可以通过认知行为疗法、正念疗法等得到积极治疗，每个治疗策略都有引人入胜的例子，可以让人在不知不觉中学到心理学的应对方法，从而朝着更加积极向上的生活迈进一步。

4.《恐惧感与恐惧心理》

（俄罗斯）谢尔巴特赫著，刘文华、杨进发、徐永平译，华文出版社，2008年版。

推荐理由：很多人经常生活在恐惧阴影里，而经常被恐惧情绪包围会影响我们的正常生活和学习。因此，为了摆脱妨碍我们幸福生活的恐惧意识，有必要对这一现象认真加以研究。《恐惧感与恐惧心理》是谢尔巴特赫五卷本大众心理学丛书之一，本书列出了大自然、社会、死亡等7个恐惧类型，分析了恐惧来源、外部表现、产生机制，不同人类生活方面的意义，以及如何战胜恐惧，怎样开展心理重构、心理保护等富有建设性的内容，阅读本书，读者会找到与自己相同的恐惧体验和描述，形成共鸣，从而帮助读者走出恐惧。

5.《恐惧给你的礼物：关键时刻直觉能救你的命》

（美）加文·德·贝克尔著，陈羚译，中华工商联合出版社，2018年版。

推荐理由：作者是世界著名的危险预测专家，美国总统的安全顾问。本书中所有的故事都是真实的，故事增加了我们对人性的了解，让其变得更鲜活，让我们对危险的预测更及时、更准确。我们还可以从中学会如何运用直觉，看透人心。本书最后一章讲述了恐惧和担忧的区别：担忧会转移我们的注意力，让我们无法找到解决问题的方式；恐惧则帮助我们辨认危险，听从直觉的指引，快速脱离险境。我们生活中的高频经历是担忧，不是恐惧，因此学会界定和澄清担忧和恐惧很重要。一旦分清了它们，就知道该如何行动了。

6.《当爱遇见恐惧》

（美）里秋著，曾育慧、张宏秀译，华夏出版社，2014年版。

推荐理由："内在小孩"是指每个人在童年时期留下的创伤记忆。除此之外，我们身体里还存在一个"害怕的内在小孩"，他无时无刻不在影响着我们，让我们无法以健康的成人心态面对生命过程中的各种困难与挑战。本书作者以数十年担任心理治疗与导师的经验，用丰富的理论和生动的案例告诉我们：只要放下恐惧，爱就能生长。书中提出，放下恐惧并非与之对抗，而是彻底、完整地感受它，并以哀悼功课与"自我肯定"的态度与之整合。当我们放下那些不必要的自我防卫，更加关爱自己，疼惜我们心中那个"害怕的内在小孩"，与那个"害怕的内在小孩"和解，便能放下害怕与恐惧的经历，找到深藏于内在的丰富资源。你将发现，那些令人难受的情绪，一旦得到我们的认可与接纳，都会转化为整合心灵的生命能量，让我们走出恐惧。

7.《你到底在怕什么：各种恐惧症以及如何克服恐惧症》

吴婉绚著，台海出版社，2017年版。

推荐理由：恐惧症确实在不同程度地影响着每个人的生活：很多人在被各种恐惧症困扰的同时，又经常会被身边的人误解为"发狂""怪异"或"软弱"，进一步加大了恐惧症患者的心理压力。本书全面剖析包括社交恐惧症、幽闭恐惧症、广场恐惧症、选择恐惧症、密集恐惧症等常见的恐惧症，并对恐惧症的病因、表现以及克服办法做了深度解析，希望能够帮助各类恐惧症人群战胜恐惧症。帮助我们如何在各种场合自信地展现自己；变得高效率、有决断，不再逃避责任，不再害怕失败，等等。如果你怕高、怕黑或是怕人群、怕视线，那你一定不要错过本书。

8.《抢救茧居少年社交恐惧症家庭治疗实务指南》

（日）田村毅著，孙美玲译，人民邮电出版社，2018年版。

推荐理由："茧居族"是心理学的名词，就是我们平时说的"宅男宅女"。"宅"已经成为一些现代人的生活常态，他们之中有青少年，也有成年人。通常"茧居族"的家人无法理解这一行为，当事人也懊恼自己无法克服对人际互动的恐惧。由于"茧居"不是疾病，药物对其没有效果，心理咨询以及家人的信任与鼓励成为帮助当事人走出"茧居"的关键。作者田村毅是专攻家庭治疗的日本精神科医生，本书以丰富的案例与平易近人的问答形式为主，解释了为什么孩子会成为"茧居族"，为什么父母的力量会僵化停滞，又该如何应用家庭的力量，社会能提供哪些支持，以及在亲子关系中，代表威严的父亲角色该如何善用，才能让"茧居者"恢复自信，让整个家庭更为和谐。本书适合有社交恐惧的人群尤其是青少年及其家人阅读，也适合致力于学习家庭治疗的心理咨询师、心理学专业师生以及其他心理从业者学习，在学习阅读后会发现，一个家庭所包含的力量将有益于每个人的人生。

9.《走出恐惧》

（美）克里希那南达、阿曼娜著，王静娟译，漓江出版社，2011年版。

推荐理由：负面情绪之所以会存在，部分原因是受到生长环境、家庭教育和成长经历的影响。但大部分的负面情绪都被我们自身防御机制压制，被掩藏在意识之下。而当我们面对挫折和恐惧事件时，这些情绪就会涌上来，我们会本能地不安、抱怨、妥协、放弃，或者是陷入某种上瘾行为，又或者是盼望着有人会拯救自己，并且重复这一行为模式。我们之所以会一再重复，是因为我们没有对自己的内心和意识进行很好的觉察，没有看到事实的真相。本书作者认为，当我们的自我内省与痛苦、不安和恐惧交织在一起，并去改变时可以找到一份觉知，从而摆脱恐惧对我们的控制，开始有不同的选择。走出恐惧，是一条接触自我内在深层敏感脆弱空间，以及学习自我接受的道路。阅读本书，读者会找到一条与自己和解的道路，亦是走出恐惧情绪的道路。

推荐电影

1.《立方体》（Cube）

1997年，加拿大，导演：文森佐·纳塔利，主演：妮可·德波儿、妮基·瓜达尼等。

推荐理由：电影中只有6名演员：一名警察，一名建筑师，一位女学生，一位女医生，一名越狱专家以及一个白痴。主人公们所处的巨大立方体是一个庞大的迷宫，他们抱着既恐惧又期盼的心态寻找着下一个出口，幻想着那里就是最后的出路；死神永远在他们猜不到的路口等着他们。他们团结但猜忌身边的每个人，人性最深处的丑恶被一点点挖掘出来。导演纳塔利在电影中运用了大量精彩的暗喻，庞大的恐怖的立方体象征着人类社会，然而留给每个人的生存空间却非常狭小，压抑和病态充斥在整个世界里。无处不在的陷阱象征着人类生存的世界中隐藏的危机。没有任何一个万全的办法可以预测变化多端的陷阱。电影中的出口暗指"希望"，即使身处一个如此压抑的世界中，人类仍相信那个希望的存在。这是一部让人恐惧的电影,在环境变幻中,人没有选择,我们可以选择善,却无法逃避恶。

2.《沉默的羔羊》(The Silence of the Lambs)

1991年,美国,导演:乔纳森·戴米,主演:朱迪·福斯特、安东尼·霍普金斯等。

推荐理由:《沉默的羔羊》是根据著名小说家托马斯·哈里斯的同名小说改编而成的,是20世纪90年代以来深刻反映美国社会犯罪问题的经典之作,影片曾获5项奥斯卡大奖。克拉丽丝是美国联邦调查局的见习特工,她所在的城市发生了一系列的命案,凶手是一个专门杀害女性并剥离皮肤的变态杀人犯"野牛比尔",克拉丽丝为了获取罪犯的心理行为资料,只身去一所戒备森严的监狱访问精神病专家汉尼拔博士,以求获得相关分析来帮助破案。汉尼拔是一位智商极高、思维敏捷但高度变态的中年男子,是个食人狂魔,他要求克拉丽丝说出个人经历供自己分析以换取他的协助。克拉丽丝向汉尼拔叙述了自己的成长经历,作为回报汉尼拔给克拉丽斯提供了一些线索,最终克拉丽斯找到了"野牛比尔",并将其击毙。扮演汉尼拔博士的安东尼·霍普金斯的表演,可以说是达到了表演艺术的极致。他的一举一动都为这部电影营造了极其恐怖的氛围。除了恐怖气氛的营造,影片的社会命题也很有噱头。影片一直在寻找人类社会的恐怖之源,最后得出了一个"由于秩序本身的问题造成的,反过来危及秩序的犯罪病例"的结论,使得影片从另一层面上讲又具有了一定的社会意义。

3.《招魂》(The Conjuring)

2013年,美国,导演:詹姆斯·温,主演:维拉·法梅加、帕特里克·威尔森等。

推荐理由:这是一个关于生命和死亡的故事。故事来源于德里亚·佩隆的小说《真实故事:黑暗之屋光之屋》。1971年,罗杰与卡罗琳夫妇带着他们五个俏皮可爱的女儿,搬到了位于罗德岛哈瑞斯维尔的一座旧宅居住。房屋虽然古朴,但是拥有景色宜人的田园风光,让罗杰一家体会到回归田园的快乐与满足。谁知好景不长,一系列让人匪夷所思的事情接连发生,家里的狗离奇死亡,半夜孩子们被吓醒大声呼救……为此,他们辗转找到当时最负盛名的超自然现象研究者沃伦夫妇。带着好奇和恐惧的心情,沃伦夫妇决定和罗杰一家人共同对抗这个可怕的房子,然而他们却发现自己也被困在至今遇到的最骇人的驱魔案件中。于是他们开始一次次生命的冒险之旅。人与人的关系受到考验,家庭分崩离析。十年后,每个人都变得魂不守舍，最终决定搬离罗德岛。

4.《迷雾》(The Mist)

2007年，美国，导演：弗兰克·德拉邦特，主演：托马斯·简、马西娅·盖伊·哈登等。

推荐理由：《迷雾》改编自史蒂芬·金1980年同名中篇小说。一群市民被未知的迷雾笼罩，困在一座超级市场里。市民们对抗怪物和宗教狂热分子以获取生存的机会。而故事的主人公是一位画家，他叫大卫·德雷顿，大雾弥漫之后，大卫带着儿子躲到超市中。躲起来之后才发现，可怕的不是外面那一团团黑雾，而是与自己一起躲到超市中的那些曾经如此熟悉的市民们……人性与生命，在这一刻都受到了巨大的考验。

5.《本能》(Basic Instinct)

1992年，美国、法国，导演：保罗·范霍文，主演：迈克尔·道格拉斯·莎朗·斯通等。

推荐理由：在美国旧金山，警察尼克接到命令，让他调查一起离奇的冰锥杀人案。案件中一位当红的摇滚歌星被绑在床上被人用冰锥刺杀。在遇害前，有人看到他与女友凯瑟琳在一起。尼克在海边的一栋小房子里找到了凯瑟琳。凯瑟琳是一位小说家。她告诉尼克，她常常为了写好小说中的人物而与各种不同类型的男人上床。她和摇滚歌星的交往也正是出于这样的动机。在警察局受审时，凯瑟琳显得异常平静。尼克还发现，在凯瑟琳最近出版的一本小说中，她叙述了一个女子最后杀死自己恋人的故事，其方式和手法与这次谋杀案十分相似。尼克凭着直觉断定，凯瑟琳就是凶手。随着调查的深入，尼克逐渐爱上了凯瑟琳，而凯瑟琳和其他三人都有谋杀的动机。尼克陷入了爱与谋杀的漩涡之中，爱情和职责让他进退两难。

附录：社交恐惧行为自评测试[①]

社交恐惧行为自评测试

社交恐惧行为自评测试量表有10个题目，分别列出了可能会造成社交恐惧的问题。请仔细阅读每个条目，然后根据自己的实际感受，选择一个与你的情况最相符合的答案，在分数栏（1~4分）适当的分数下画"√"，

---

① 柴倩倩．大学生社交恐惧行为的小组工作介入研究［D］．长春工业大学，2014．

1. 从不或很少如此；2. 有时如此；3. 经常如此；4. 总是如此。请不要顾忌，根据自己的真实体验和实际情况回答，不要花费太多的时间去思考，应顺其自然，根据第一印象做出判断。

项目	选项			
1. 我害怕在重要人物面前讲话	1	2	3	4
2. 在人面前脸红我会很难受	1	2	3	4
3. 聚会及一些社交活动让我害怕	1	2	3	4
4. 我常回避和我不认识的人进行交谈	1	2	3	4
5. 让别人议论是我不愿的事情	1	2	3	4
6. 我回避任何以我为中心的事情	1	2	3	4
7. 我害怕当众讲话	1	2	3	4
8. 我不能在别人的注目下做事	1	2	3	4
9. 看见陌生人我就不由自主地发抖，心慌	1	2	3	4
10. 我梦见和别人交谈时出丑的模样	1	2	3	4

说明与解释：

将所有项目的分数累加得到总分。

1~9分：放心好了，你没有社交恐惧行为。

10~24分：你已经有了轻度症状，照此发展下去可能会不妙。

25~35分：你已经处在社交恐惧行为中度患者的边缘，如有时间一定要到医院求助精神科医生。

36~40分：很不幸，你已经是一位严重的社交恐惧行为患者了，快去求助精神科医生，他会帮你摆脱困境。

第六章　悲伤情绪的团体辅导

导语

　　悲伤是人类很早就体验到的一种情绪，属于漫长种系进化中保留的一种基本情绪，是由丧失、失败和分离事件而引起的一种情绪反应，包含孤独和孤立、悲观绝望、沮丧、意志消沉、忧愁苦闷等情绪体验。当代大学生普遍处于独特的身心发展阶段——青年期，这个时期的大学生，心理矛盾和冲突经常发生，情绪经常不稳定，加上许多大学生是独生子女，父母多采取过度保护的教养方式，这种方式会促使大学生心理更加脆弱，加之生活中的挫折，涉及失恋、失业、挂科等方面，使他们承受失败和控制挫折的能力差，甚至失去良性交际能力。除此之外，亲人和朋友去世也是一个重大的创伤性事件，会引发挫折，而挫折又与悲伤及抑郁情绪紧密相关，尤其是悲伤情绪，因此大学生的悲伤情绪体验是非常普遍的。帮助大学生合理调适悲伤情绪，提高抵抗挫折的能力，提高其心理健康水平成为我们努力的方向。

　　悲伤与心理健康有着千丝万缕的关系。心理健康，即个体能够适应发展着的环境，具有完善的个性特征，其认知、情绪反应，意志行为处于积极状态，并能保持正常的调控能力。在生活实践中，能够正确认识自我，自觉控制自己，正确对待外界影响，使心理保持平衡协调。但是过于悲伤的人，很难维持心理健康的状态。悲伤对人的心理十分有害，是一种对丧失感的情绪性反应，日积月累将会形成一种长期的情感——抑郁。持续的悲伤不仅使人感到孤独、失望、无助，甚至会引发临床抑郁，严重的抑郁会影响我们的正常生活，比如，会导致失业、失去朋友、与家人疏远等；除此之外悲伤也会损害人的身体，悲伤的持续会削弱个体的身体免疫功能，使人患消化系统、心血管、肿瘤等疾病，严重的忧伤甚至影响生理机能而导致猝死。因此，我们不难看出，悲伤情绪体验将会给健康心理的形成及维持造成阻碍。

　　悲伤不仅与健康有密切的联系，还对社会有重要的作用。当悲伤发生时，个体察觉到自我掌控的缺乏，产生求助于社会和网络中其他人的需要。因此，悲伤可能让个体向他人发出求助信息，加强社会联系。同时也有助于人产生移情体验、培养利他精神。

悲伤的作用尤其令人困惑。心理学家已经识别出 6 种人类基本情感，其中 4 种是负面的——恐惧、愤怒、厌恶和悲伤（其余两种是喜悦和惊讶）。福加斯表示，如果这些"负面"情感全都经受了进化的考验，那么它们或许具有某种生存优势。福加斯的研究显示，悲伤带来的好处通常在社会领域应用得比较多。他举例："比如，你身处一个团队之中，感觉你没有融入进去，没有被接纳。你可能会觉得令人苦恼，从而进入一种负面情绪之中，而这会促使你更关注其他人所说的话，更谨小慎微一些。如果你感到悲伤，基本上就像一个信号'当心，不要着急，适应，集中注意力'。"

因此，我们可以看到，悲伤有不利的方面，也有积极的方面，这就需要我们合理处理悲伤情绪，减少悲伤情绪带来的不良影响，发挥悲伤情绪带来的有利影响，从而促进个体整体心理健康水平的提高。

谈悲伤

人的一生不可能没有痛苦，我们所能做的就是把痛苦当成生命的献礼。

（美）伯尼·西格尔（Bernie Siegel）

聪明的人永远不会坐在那里为他们的损失而悲伤，却会很高兴地找出办法来弥补他们的创伤。

（英）莎士比亚

如果怀着愉快的心情谈起悲伤的事情，悲伤就会烟消云散。

（美）乔治·彭斯

一定的忧愁、痛苦或烦恼，对每个人都是时时必需的。一艘船如果没有压舱物便不会稳定，不能朝着目的地一直前进。

（德）叔本华

在悲痛与虚无之间，我愿意选择悲痛。

（美）福克纳

愉快有益于人的身体，但只有悲伤才能培养心灵力量。

（法）普鲁斯

名人故事

故事 1　运动员桑兰的故事

　　桑兰是一个普通家庭的孩子。她 6 岁时进入体育学校学习体操，两年之后在全国少儿体操锦标赛中获奖，并且进入了省体校，又在省运动会上获得了五项比赛冠军。后成为国家女子体操队队员，多次代表中国出赛，并且在国内各大比赛中崭露头角。成为体操界一颗冉冉升起的新星。

　　正在桑兰的体育事业顺风顺水的时候，意外发生了。她在一次比赛中发生了意外事故，这次事故使得她胸以下的部分失去知觉，无法再行动。虽然及时进行了治疗，但是仍然无力回天，桑兰不得不面对自己瘫痪的现实。虽然遭此变故，桑兰并没有一蹶不振，也没有深陷绝望，而是用另一种方式对待现实，那就是勇敢面对，并且积极调整自己的心态和行动，开始了新的人生。

　　桑兰在治疗期间认识了《超人》中的男主角克里斯多夫·里夫，里夫也是因为一个意外而住进了康复中心。相似的经历使得两人很快成为朋友，也能够相互理解和共情对方。里夫十分感谢桑兰，觉得她带给了自己快乐和希望。而桑兰的英语老师也对桑兰不惧失败的精神十分赞扬。桑兰的事迹很快传遍了美国，在美国产生了不小的影响。甚至有人认为她比纽约市长的知名度还高。政界的风云人物、社会名流及影视明星纷纷去探望她。美国某电视台还为她专门做了一档电视节目，这是继邓小平以后第二个出现在该电视台的中国人，桑兰的影响力可见一斑。电视台不仅平日会录制桑兰的节目，而且连重大节日都不会休息，继续拍摄。美国最有影响力的杂志将其评为 1998 年度的英雄，当时美国副总统夫人为她颁奖。此外，桑兰还受到无数的殊荣。

　　桑兰为什么会受到大家的厚爱？桑兰的主治医生说出了原委："桑兰虽然是中国女孩，但她遭遇到的困境是人类共有的，她所表现的坚强和勇气是超越国度和种族的，所以她唤起的爱也属于全人类。"

　　当遭遇灾祸时，桑兰并没有沉溺悲伤，而是用自己的乐观和坚强克服着遇到的困难。当她从病痛中逐渐恢复便开始寻找适合自己的工作。她认为，自己虽然身体残疾，但是仍是有力量的，仍是可以贡献自己的。所以她开始在众多媒体上参加节目，给予大家能量。

桑兰走出悲伤，与悲伤道别，坦然接受现在的一切，并且仍然坚持着自己的奥运梦想。她以另一种方式实现着自己的梦想，选择主持一档体育节目来接近自己的梦想，将一切都看作是继续。在哪里跌倒就在哪里站起来，她换了一个角度继续着自己之前坚持并热爱的事业。之后她投入到媒体事业中，以直率的风格将自己展现在大众面前，向大众传递希望和鼓励，并且向大众讲述自己之前的故事，向大家介绍自己曾经付出的汗水和努力，她的真诚感染了众多的人。桑兰在坚持康复训练的同时也没有停下学习和前进的脚步，她努力充实自己，并将悲伤抛之脑后。桑兰用自己的努力和信念带给世界以感动，使得人们获得力量，告诉人们只要有坚定的信念，一切挫折都不可怕，一切事物都可以被战胜。

评论：当意外降临，我们该如何面对？是悲伤不前，还是积极应对？桑兰的故事给了我们一个答案。原本可能有辉煌的人生前途，却遭遇如此意外，不论是谁受到重大的创伤，都会为自己的遭遇而悲痛，陷入绝望的泥沼，桑兰同样也会悲伤，但她值得我们赞赏的地方在于，她能够调整自己，让自己尽快走出来，悲伤过后依然有积极向上的一面，依然充满希望。首先她接受自己受伤的客观现实，然后她努力发现自己还能做到的事情，帮助她从对意外的悲伤中走出来。通过桑兰的故事，我们看到：面对飞来横祸，难免悲伤，但也可以化悲痛为力量继续前行。悲伤也不代表失去所有希望，我们依然可以从悲伤中看到希望，不是说遭遇意外就是一切完结，而是悲伤的背后依然充满希望。我们有力量面对悲伤，也可以化悲痛为力量。

故事 2 赵戬的故事

许褚用一生追随曹操南征北战，立战功无数，渭南之战拼死护卫曹操，得曹操周全，鞠躬尽瘁死而后已。后曹操死，许褚哀不能已，伤痛过度吐血而亡，实在忠心。但是还有另一名武将也因曹操去世悲伤过度而死，那就是东汉末年的名将赵戬。

天下大势，分久必合合久必分，董卓死，天下乱，赵戬于荆州避祸，一去十年有余。间或交刘备于此地，刘备原意投于刘表。而后曹操降刘琮，因为曹赵二人年龄相仿，且又是多年同僚，所以与赵戬交好，并且相见恨晚。赵戬也被曹操的态度感动，于是真心尊重曹操并且忠心追随曹操。

公元213年，刘备的军队日益发展强调，且与刘璋反目成仇，因为刘备的气魄和作为，大家都觉得刘璋并无本事，而刘备却有无限可能，所以都认为刘备将很快占领蜀地。但赵戬自以为跟刘备相处过一段时间，足够了解刘备，便说刘备不是将相之才，不会带兵打仗，肯定无法战胜刘璋。但是到最后刘备仅用不到两年的时间就占领了蜀地。赵戬当时的言论还成了大家的笑谈，几乎家喻户晓。

公元216年，魏相国钟繇因相国掾魏讽谋反，钟繇被免职，赵戬亦受牵连免职。当时赵戬已经60岁有余，身患重病，起不了身。不久，曹操去世，赵戬听闻，悲伤过度，不久也离开了人世。

评论：曹操的去世让赵戬失去了一位自己尊重的人。这种丧失一位重要人物的经历引发了赵戬的悲伤。失去某人、某物或某种状态的经历被称作丧失经历。而悲伤则是这种失去所引起的情感上的结果。虽然说悲伤可以治愈，可以转化为力量，但是如果不能及时走出悲伤，而是深陷悲伤的漩涡中，不能自拔，只能导致不堪设想的后果。过度悲伤，不仅对心理造成重大创伤，而且会对身体产生巨大的影响。悲伤的心理状态会引起生理的巨大反应，导致人体胃肠功能受阻，免疫力下降和引发其他疾病。长期无法走出失去和悲伤会对自身的行为产生影响，例如，增加吸烟的量或者是酗酒，在饮食习惯上发生改变，或者自我封闭。同时经历悲伤的人自身的压力也会加大，会增大患上传染病、癌症、冠心病的机会，甚至会导致死亡。通过此案例，希望学生可以看到悲伤体验在严重时如不寻求积极协助，会对个体心理与身体产生不良影响，悲伤很难避免，当它来临时我们应学会去接纳它，积极地转化它，在我们无法承受时，应积极寻求心理支持。

案例故事

案例1 杨绛的故事

"文革"中杨绛、钱钟书夫妇被批斗，双双接受"改造"。杨绛面对这样的变故并没有选择崩溃或者哀怨，而是悦纳当下的一切，用坚定的精神支持着自己。两人的唯一爱女钱瑗身体一直不好，1997年，钱瑗病逝。白发人送黑发人，悲伤之情可想而知。后来，杨绛的爱人钱钟书，她心中最爱的人也离她而去。连续的丧亲之痛压在杨绛的肩上。但是她没有一蹶不振,而是继续投身于自己爱好的写作中,与文字亲近,在自己的爱好中获得重生和支持,完成了对自己的提升。

半年之后,她化悲痛为力量,翻译柏拉图对话语录之一《斐多》,"试图做一件力不能及的事,投入全部心神而忘掉自己"。柏拉图这篇描述苏格拉底就义当日在雅典监狱里与朋友们的谈话文稿,谈的正是"生与死"的问题。丧失亲人并没有将她拖垮,而是从另一个方面给予她力量,使她变得强大,她靠着这股力量直面生死,对生死有更加深刻的了解和认识。2002 年冬,杨绛更是定下心来写作《我们仨》,这是一本怀念亲人、回忆亲情的书,她是伴着悲伤的眼泪写完的。

杨绛面对丧失所表现出来的坚强和豁达,是对悲伤的漠视和超越。因为杨绛学识渊博,阅历深厚,慧眼窥透人生,在让人悲伤苦难的日子里仍保持着一份少有的幽默。比如被迫剃了"阴阳头",她会说:"小时候老羡慕弟弟剃光头……果不其然,羡慕的事早晚会实现。"我们足以从中看出她在悲伤痛苦中直面人生的豁达乐观的精神,让人敬佩。

评论: 丧失所带来的悲伤,往往让人难以面对。一旦陷入悲伤的漩涡,便难以走出来。杨绛让我们看到了她身上的力量,她用自己的亲身经历告诉我们,没有走不出的悲伤漩涡,只有不愿走出悲伤的人。没有人会否定丧失所带来的悲伤,杨绛也没有,她同样悲伤和痛苦,只是她渐渐地接纳这种悲伤,让这种悲伤化作一种推动自己前行的力量。悲伤常被我们看作负面情绪,但是通过杨绛的实例,我们可以看到,负面情绪也有其积极意义,重点就在应如何为我所用。

案例 2 王先生的心碎综合征[①]

80 岁的王先生因伤心过度出现强烈的胸痛、呼吸不畅等症状,被家人送往医院救治。医生诊断其患了"心碎综合征"。原因是在前几天湖南的洪灾中,王先生的一位亲人不幸失联。当听到这个消息后,王先生十分难过,于是突发胸痛、憋气、呼吸不畅等症状,起初家人还以为是心梗,便将其送往省人民医院的心内科进行救治。入院后,急诊冠脉造影未见异常,经心脏超声检查显示心尖出现球形扩张,结合该患者的心肌酶异常升高,医生诊断王先生患上了"应急性心肌病",俗称"心碎

---

① http://m.sohu.com/a/156535311_612516

综合征"。

"当时心痛起来的感觉,就像心被撕裂了一般。"这是王先生的描述。在经过心理平复以及适当的心肌营养治疗后,王先生"心碎"的症状得到缓解。"当人们伤心时,常常会感到胸闷、胸痛。当伤心至极时,这种胸闷、胸痛真的会让人产生一种类似于心绞痛的感受。"王先生的主管医师张志能说,心碎综合征并不是一种严重的病症,只是这种痛起来的感觉就像"心碎"了一样,患者并没有心脏问题。

医师表示,当我们情绪波动比较大时,不论是大喜还是大悲,都会对身体机能产生一定的影响。虽然这些由于情绪波动所引起的身体机能的变化都不伴有器质性病变,但考虑到老年人身体较弱,以及各个器官功能已经出现不同程度的退化,因此,情绪波动可能成为疾病的诱发因素,所以学会控制情绪非常关键。

评论:悲伤情绪如果得到合理处理可以转化为力量,如果处理不善则会对心理和身体造成不良的影响。本案例真实地反映了悲伤情绪没有得到妥善处理而导致身体受到损伤的情况。悲伤会损害人的身体,悲伤的持续会削弱个体的身体免疫功能,使人患消化系统疾病、心血管疾病、肿瘤等心因性疾病,严重的忧伤甚至影响生理机能而导致猝死。因此,我们不难看出,悲伤情绪体验将会给心理健康的形成及维持造成阻碍。使我们认识到合理处理悲伤情绪的重要性。这个真实的案例给我们一个方向,如果我们实在不能将悲伤情绪转化为力量,至少我们应该将悲伤造成的伤害降到最低。

心理学实验

实验 1 情绪一致性

心理学家乔·福加斯(Joe Forgas)的研究领域是情绪与思维的相互作用。1987年夏季,福加斯带着妻子到德国海德堡的餐厅吃晚餐。但是问题出现了,他总是情不自禁地被餐桌旁一对情侣的举动吸引。那对恋人一直在耳鬓厮磨,福加斯开始思考,到底是什么让自己感到不解。由于当时他的工作阶段任务是探索情绪影响记忆的方式,因此那对奇怪的恋人引起了他的思考。随之他产生了一个想法:"如果那是一对普通的情侣,比方说两人都很年轻，这样的判断将很容易做出。但如果看到的是不符合常理的事情，就会迫使你找出很多解释。"他猜测，这类情形给我们探索情感对判断的影响提供了一条理想途径。特别当他怀疑你越是需要费神去想一种情形，越是需要带着想象力去思考、调动记忆去评估，这样的判断就越有可能受到当时心情的影响。

之后福加斯设计了一项探究这个理论的实验。他制作了两组图片，一组给大家展现的是外貌很匹配的情侣，另一组是丑与美的情侣搭配。之后又召集186名学生观看这些照片，并且在之后描述自己的感受。在之前安排这些学生看电影，一部分观看一部悲剧，一部分观看一部喜剧。结果也证实了他的猜想。首先，相对于外表较为般配的情侣，志愿者对不般配的情侣做出的判断花费的时间更多；其次，他们的反应与情绪有着很大的相关性：当看到一对不怎么般配的情侣时，看过喜剧或心情较好的人更有可能做出积极的叙述；而看过悲伤电影或心情不太好的人则正好相反。福加斯表示："无论是把他们看成一对还是两个个体，悲伤的人都会得出更为负面的看法。"

福加斯是澳大利亚新南威尔士大学的教授，他在该校开展的上述实验，加深了我们对每件事情的理解和评价无不受到心情的强烈影响的认识。福加斯认为，人的记忆也是如此。如果去年某天的经历特别凄惨，那么当你再次感到难过时，就会比较容易想起那天发生的事情。心理学家把这种效应称作"情绪一致性"（mood congruence）。我们往往会从庞大的记忆库中，选择性地挑取一些恰好与当前心情匹配的记忆。

评论： 上述的实验用来证明我们对事情的理解和评价受情绪的影响，同种情绪可以唤起带有相同情绪的事件，这就是"情绪一致性"。通过这个实验，可以让我们认识到对事件的理解、记忆会带有情绪因素，也就是说人对事物的客观判断受到了情绪的影响。那么同理，当人们处于悲伤情绪中时，过于消极可能会造成对事物认知的偏差。因此无论是悲伤情绪，还是其他情绪，所有的情绪可能对事物判断造成感性的影响，从而不能客观看待事物。这就需要我们接纳情绪，积极调节情绪，客观看待事物，更好地适应周围的环境。

实验2 悲伤的有益部分

20世纪后期，心理学家开始逐渐追求和理解情感的作用。他们不再简单地把情绪看作理性判断的绊脚石,而是开始发觉,情绪是人们对社会情形做出反应的有益组成部分。福加斯等人发现情绪与思维存在一种联系,意义更为深刻。情绪不仅影响我们想的内容,还会影响思考过程本身。这个发现令人们对悲伤的看法发生了迄今为止最为显著的改变:情绪低落不仅是人类所固有的,而且可以是有益的。

　　福加斯和同事找到两组志愿者,分别感到悲伤和快乐。要求他们判断一系列都市神话和传闻的真实性。结果显示,悲伤的人更具怀疑精神。他们还制作了在屏幕上快速闪过一系列图像的电脑游戏。图像里的人有的持枪,有的拿着无害的东西,比如可乐瓶或咖啡壶。研究人员要求参与者如果看到图像里的人物持枪,就"开枪",如果手里拿的是无害的东西,就放过他们。

　　福加斯及其他心理学家,如德国研究员赫伯特·布莱斯（Herbert Bless）认为,所有实验可以表明,快乐或悲伤的情绪可以从根本上改变大脑处理信息的方式。当人快乐时,大脑有可能在潜意识里依赖即有经验和知识做出决定。当人悲伤时,会更加关注外部世界的新信息,这就是"适应性"思维。

　　2007年,福加斯的团队进一步推进研究。他们希望了解情绪略微有些低落是否会使人的表达更具说服力。在他们的论文中提道:"我们预期,适应性思维应该会使人的思维变得更具体、更注重事实,由此形成极具说服力的内容。"在一系列研究中,他们要求心情快乐或悲伤的志愿者说出有说服力的论证,用来支持或反对诸如原住民土地权,或澳大利亚是否应成为共和国的建议。接着让独立科学家和大学生听众给这些论证打分。每一次,悲伤志愿者做出的论证都更具说服力,使得福加斯更有理由认为,悲伤情绪会使得人的思维方式变更具体、更系统、更可靠。

　　关键之处来自福加斯发表的研究报告。这项或许是他迄今为止最令人感兴趣的研究,研究在一家街头小店展开,试验场地在小店的柜台上。他和同事们随机挑选一些小饰品,将其摆放在柜台上。你或许会从圣诞拉炮（Christmas cracker）中抽出这类饰品,例如,塑胶玩具人像、玩具大炮以及伦敦红色巴士或拖拉机的微缩模型。

　　研究旨在情绪的轻微波动是否会影响购物者对这些摆放不当物品的关注和记忆。于是,他们选择了7个晴天和7个阴天,询问走出小店的顾客能记得多少物品。他们还播放了相应的乐曲用来强化被试的心情。例如,在阴天播放威尔第（Verdi）的《安魂曲》（Requiem）,在晴天播放吉尔伯特和沙利文（Gilbert and Sullivan）的欢快曲目。结果不出福加斯和他的小组所料，尽管乍看上去似乎有违直觉，在人们心情不好的日子里，研究的参与者往往能更准确地记起摆在小店柜台上的物品，并且更专心。

哈佛大学决策科学实验室主任珍妮弗·勒纳（Jennifer Lerne）称，情绪研究属于冷门。因此，在该领域的大多数重大问题至今仍未找到答案的背景下，福加斯产生了重大影响。勒纳说："他对该领域做出了巨大贡献。对于情绪如何影响认知过程的深浅，以及如何影响判断结果的后果，福加斯进行了系统性的测试和分析。"

福加斯本人谨慎地指出：他的发现，仅适用于短暂的悲伤情绪或情感，而不适用于严重的临床抑郁症的颇具危害的疾病。生物学家刘易斯·沃尔珀特（Lewis Wolpert）曾多次受到抑郁症的困扰，他对这两类心境之间的关联做了一个绝妙的类比。沃尔珀特在《恶性悲情》（Malignant Sadness）一书中提出：当正常的悲伤情绪发展成为病理性时，抑郁症就出现了，就像我们细胞的正常生理过程变得紊乱时，我们就患上了癌症一样。

似乎这些解释都说得通。那种破坏生活的抑郁情绪，好像就是需要治疗和调整的。另一方面，我们知道，在经历亲人去世，或做自己不热爱的工作，甚至自己喜欢的偶像参加比赛输了时，感到悲伤是可以理解的，悲伤是正常的。

对于福加斯和与他类似的科学家而言，这种"正常"即悲伤的盛行提出了与进化相关的问题。无论在哪里，人类的每个部分之所以是现在的样子，是源于无数代人进化的结果。

评论：说到悲伤我们会认为是消极情绪，对我们没有任何益处。实际上情绪没有好坏，每种情绪都有两面性，包括悲伤在内。福加斯的实验也恰好证明了这一点，悲伤也有有益的部分。心情不佳（由恶劣天气引起）导致人们更好地记住他们刚刚离开的商店的细节。不良心情也可以通过减少各种分心的影响，如无关紧要，虚假或误导性的信息改善目击者的记忆，做出更准确的判断。除此之外，悲伤也可以增强同情心、连通性和道德审美感，甚至是艺术创造力的导火索。通过福加斯的实验，我们可以认识到所谓的"消极情绪"同样有积极的成分，可以给我们帮助。因此，我们对于悲伤首先要改变认知，以客观的态度看待悲伤，不因悲伤陷入进一步的绝望；同时，在无法承受时积极寻求专业帮助，避免造成更大的心理与身体的创伤，最终努力将其转化为我们前行的力量。

团体辅导活动方案

一、整体活动安排

活动	主题	活动目标	活动内容
1	爱就在身边	团体组织者与组员相互认识，促进成员熟悉，建立良好的团体心理辅导关系，明确此次团体辅导的目的与内容	1. 活动介绍 2. 刮大风 3. 寻找我的快乐组合 4. 团体契约 5. 解开千千结 6. 相亲相爱一家人
2	情景再现	再现悲伤事件，重新认识悲伤事件的发生、过程、结果，协助成员审视自己的悲伤情绪、反应，接纳自己的悲伤情绪	1. 情景重现 2. 悲伤的我 3. 面对悲伤 4. 接纳悲伤
3	普遍的悲伤	认识悲伤的普遍性，探讨悲伤的积极意义、正视悲伤问题，缓解悲伤	1. 悲伤你我他 2. 悲伤温度计 3. 悲伤的另一半 4. 悲伤的意义
4	与悲伤共舞	学会处理一般性的悲伤情绪，掌握稳定悲伤情绪的有效技巧	1. 悲伤纸团 2. 深呼吸训练 3. 想象放松训练 4. 分享感受
5	极度悲伤	学会处理严重危机事件造成的悲伤情绪，掌握处理悲伤情绪的有效策略	1. 观看视频 2. 分享感受 3. 介绍创伤应激障碍反应 4. 应对策略 5. 处理感受

续表

活动	主题	活动目标	活动内容
6	美好的未来	强化支持,明天会更好	1. 未完成的事件 2. 我的应对 3. 我的支持系统 4. 离别的伤感

二、具体活动方案

活动 1 爱就在身边

活动目的	活动流程
让成员对活动有所了解	1. 活动介绍 在只有凳子的教室中,全体成员围成圈坐好,组织者对活动的内容、形式、持续时间进行简单的介绍
热身,消除成员的陌生感,打乱开始时的座位	2. 刮大风 全体成员围圈坐好,组织者介绍活动规则:组织者说"刮大风,刮大风,大风刮到××(具有某一特征的人,比如说,'戴眼镜的人')身上",那么具有这些特征的人就必须立刻离开自己的位子,重新寻找空位坐下
热身,通过这一活动将成员分为若干组,并让他们初步感受团体对个人的重要性,增强凝聚力	3. 寻找我的快乐组合 事先准备好与成员人数相等的纸条,用来分组。让成员每人抽取一张纸条,由成员自愿读自己抽到纸条上的话,抽到写有同样纸条的成员为同一小组成员。最后,将所有成员分为若干小组,让成员感受由个人到团体的内心变化,并感受到团体的形成。小组全部分完后,让小组成员一起为自己的小组设计组名,并共同为小组设计一个标志,画到自己的胸卡上
为保证团体正常发挥功能,实现团体组织者与成员之间的尊重与配合,建立团体成员共同遵守的规范	4. 团体契约 给每个小组发一张白纸,让小组成员共同讨论班级辅导规范,并在规定的时间内(5分钟)尽可能多地写出辅导契约,最后组织者请每个组的代表宣读本组的规范,并强调保密、守时、尊重、接纳、不评价等基本原则。团体契约建立后请每位成员在契约上签下自己的名字

续表

活动目的	活动流程
通过这个活动，让成员体会团结协作解决困难的过程，感受个人在集体中的作用以及集体对于个人的意义和重要性	5. 解开千千结 成员按照每 5~10 人一组分成若干小组。让每组成员手拉手围成一个圆圈，同时看清楚并记住自己的左右手分别拉住了谁的手。待确认后松开手，成员在圈内自由走动。当组织者喊停时，所有成员定格在原地不动，伸出手去拉最初站在自己身边人的左手或右手，从而形成许多结。成员不能松手，但可以钻、跨、绕。要求成员设法解决难题，恢复到第一次拉手时的状态。练习需要成员有耐心，互相配合，齐心协力。当困难排除、问题解决之后，请成员分享活动的感受。成员常会主动谈出对团体互助的感受，体会和确认团体合作的重要性。
通过合唱表达悲伤、表达爱，建立团体安全感	6. 相亲相爱一家人 合唱手语歌曲《相亲相爱一家人》，成员握手、拥抱，集体告别

活动 2　情景再现

活动目的	活动流程
再现悲伤事件，重新全面审视	1. 情景重现 请小组成员回忆让自己产生过悲伤情绪的事件，并与大家分享。让大家重新审视事件发生的起源、过程、结果
认识悲伤情绪对自己的影响	2. 悲伤的我 请小组成员画一张自画像，用画笔表达自己当时的悲伤情绪； 请小组成员结合画分享自己当时及此刻的感受
反思自己、学习他人处理悲伤情绪的方法	3. 接纳悲伤 请小组成员分享如何换种方式处理悲伤情绪，采用什么方式，哪种方法更能让自己与悲伤情绪和解并接纳它，而不是拒绝它

活动3　普遍的悲伤

活动目的	活动流程
认识到悲伤具有普遍性，不只是个人的感受	1. 悲伤你我他 请每位成员以"悲伤"为主题，以成长时间为轴，做一次悲伤分享；每个人选择一个年龄段来分享此时间内发生在自己身上的悲伤事件
了解悲伤情绪对每个人所产生的影响	2. 悲伤温度计 给每位成员发一张纸，上面有0～10等级的线，0代表没有悲伤，10代表极度悲伤。请成员以0～10的等级来表示悲伤对自己的影响程度。然后，请成员分享选择此等级的原因，并分享影响悲伤等级的最大因素是什么
全面客观地认识自己在悲伤情绪中的角色	3. 悲伤的另一半 每位成员已经分享悲伤对自己的影响程度后，大家还需要关注一下另外的部分。请大家分享悲伤的影响为什么没有达到百分百，这与自己有什么关系
全面客观地认识悲伤对于个体的意义	4. 悲伤的意义 请大家分享悲伤对个人负面、正面的影响有哪些，悲伤对于个体的意义到底是什么

活动4　与悲伤共舞

活动目的	活动流程
引出悲伤情绪	1. 悲伤纸团 请小组成员回想让自己感受悲伤最深的事件，每次想到这件事心情都会感觉悲伤，并将这件事以一句话或一个词语的形式写在一张纸条上（不署名）。然后，将纸条揉成"悲伤纸团"投到大家面前的篮子中。接下来，每个人从中抽取一个纸团，并依次讲解对这件事的理解，并说出如何处理悲伤

续表

活动目的	活动流程
学习用呼吸的方式缓解悲伤	2. 深呼吸训练 向小组成员解释当我们情绪发生变化时，我们的呼吸也会随之变化。因此，学习呼吸也能反过来帮助缓解悲伤的情绪水平。请大家选择让自己感觉舒服的姿势坐好，眼睛可睁可闭，只要让自己感觉舒服就好。在进行呼吸训练时，要尽量保持在"当下"，即呼吸的即刻体验。要求成员通过鼻子呼吸，关注吸入和呼出的气体。要求他们关注每次的呼和吸持续多长时间。做5~6次呼吸。要求大家与日常的呼吸不同，要用腹部达到更深刻的呼吸。要求在呼吸的过程中同时进行想象，每次吸入，气体涌入，填满了腹部和肺。气体先进入腹部，随后上升填满胸腔顶部。同样，呼出时，气体首先离开胸腔，然后是腹部
学习用想象的方式缓解悲伤	3. 想象放松训练 可以提前录制好背景音乐，在成员想象的过程中播放。请成员以最放松的姿势坐好，使整个身体感觉舒适，同时闭上眼睛并配合深、慢而均匀的呼吸 现在，请在自己的内心世界里寻找一个让自己感觉愉快的安全岛。在这里，能够感受到绝对的安全和舒适，远离悲伤。别着急，慢慢寻找，找一个安全、惬意的地方；请你环顾一下四周，那个让你感觉温暖的是什么，无论出现的是什么，就是它啦。仔细地确认一下，看看是否真的感到非常舒服、感到非常安全，完全放松，完全远离悲伤。请你用自己的心智检查一下。确定无误之后，仔细体会，它带给你的身体什么样的感受？看见了什么？听见了什么？闻到了什么？皮肤感觉到了什么？肌肉有什么感觉？呼吸怎么样？心跳怎么样？腹部感觉怎么样？请你尽量仔细地体会现在的感受，并记住。为自己的躯体设计一个特殊的姿势或动作，用这个姿势或者动作，你可以随时回到这个安全岛来。以后，只要你一摆出这个姿势或者一做这个动作，它就能帮你在你的想象中迅速地回到此地，感觉到舒适，远离悲伤
通过合唱表达悲伤表达爱	4. 分享感受 合唱歌曲《光阴的故事》，成员握手、拥抱，集体告别

活动 5　极度悲伤

活动目的	活动流程
让成员了解什么是重大危机事件及对个体情绪的影响	1. 观看视频 播放提前准备好的重大危机事件（地震、海啸、车祸、自杀，等等）视频，引起成员的悲伤情绪体验过程
让成员了解重大危机事件对个体情绪的影响	2. 分享感受 请小组成员分享如何看待这一事件，为什么会出现悲伤、悲伤情绪的程度如何？从毫无关系的旁观者、有些许联系的朋友、与当事人有亲密关系的人三个角度分享
介绍创伤应激障碍的相关内容	3. 介绍创伤应激障碍反应 介绍创伤后应激障碍（PTSD）的成因、表现形式、诊断标准
探讨处理重大悲伤事件的策略	4. 应对策略 请小组成员彼此分享并探讨应对创伤应激障碍的方法，其他成员认真倾听；总结并介绍干预策略
处理此次活动中的情绪，避免产生负面影响	5. 处理感受 请小组成员逐一分享此次活动中所引起的情绪感受，大家手拉手，感受团队支持的力量，赶走重大危机事件所引发的无助感、无力感

活动 6　美好的未来

活动目的	活动流程
处理成员对悲伤事件未曾表达的情绪	1. 未完成的事件 给每个成员发一张白纸，请大家写出对于悲伤未曾表达过的内容是什么
帮助成员寻找自身的力量	2. 我的应对 请每位成员分享对于未曾处理的悲伤情绪，现在的自己与过去的自己在看法上、应对方式上有什么不一样，现在的应对方式是什么

续表

活动目的	活动流程
帮助成员明确自己的支持系统	3. 我的支持系统 给每位成员发一张白纸、一盒蜡笔。请大家闭上眼睛，伴随舒缓的想一想，在我们的生活中，当遇到困难和挫折时，有谁会理解、关心、帮助和支持自己，陪伴自己在今后的人生道路中继续走下去。然后闭上眼睛，在一张白纸上用蜡笔画出自己的支持系统。画完之后，进行分享，相互交流
处理成员分离性情绪	4. 离别的伤感 处理小组分离的情绪。请小组成员手拉手围成一个大圈。合唱《明天会更好》等歌曲，体验团队的支持力量，增强对于未来的信心

行动指南

理念指南

1. 悲伤只是情绪的一种表现形式。
2. 悲伤是在启示生活中遇到的消极问题。
3. 当你重新定义悲伤的时候，就会看到它积极的一面。
4. 悲伤的意义会随着认知的改变而改变。
5. 不要用理智压制悲伤。
6. 用感性去感受悲伤、表达悲伤。
7. 透过悲伤才能找到问题根源。
8. 乐观是悲伤的希望。
9. 幽默是悲伤的解药。

行为建议

1. 正视并承认悲伤的存在，不逃避。
2. 不要阻止自己哭泣，想哭就大声哭出来。
3. 分散自己的注意力，将注意力从悲伤移开。
4. 重复体验过去美好的记忆。

5. 做让自己感到欢喜的事情。
6. 向自己信任的朋友倾诉。
7. 多与自己喜欢的朋友一起做事。
8. 尝试做冥想,注意力集中在当下。
9. 观看一部悲伤的电影。

重点推荐

推荐读物

1. 《悲伤的力量》

(英) 朱莉娅·塞缪尔著,黄菡译,广西师范大学出版社,2018年版。

推荐理由: 本书讲述了一个从业20年的悲伤心理治疗师,同时也是英国丧亲儿童基金会的创始人朱莉娅·塞缪尔的故事。她在《悲伤的力量》中分享了15个关于失去亲人、面对死亡、爱还有抚平伤痛的故事。也许死亡在生命的一开始是最艰难、最痛苦的一部分,但是我们不应该去逃避。悲伤可以成为教育的一部分。人们总是由于各种原因对死亡和悲痛的事情避而不谈。但是一味地逃避真的有用吗?也许只有当我们直面这些生命中沉重的部分时,才能得到更好的成长,也更有利于以后去面对它。只有经历过苦痛才知道如何挨过苦痛,才会改变我们对待生命、对待万事万物的态度,使我们认识到生命是如何宝贵,也会发现我们所爱之人对我们来说是如何重要。其实死亡本身不会使孩子感到害怕,但如果父母总是将死亡以恐惧情绪反馈给孩子,孩子将会对死亡产生恐惧。

2. 《体验悲哀》

(瑞士) 维雷娜·卡斯特著,章国锋译,三联书店,2003年版。

推荐理由: 有些人可能经历过亲人的死亡,有的人可能还从未经历过,但是无论对于哪一类人来说,亲人的死亡无疑是我们很难面对的一件事情。维雷娜·卡斯特是瑞士的心理学家,她利用自己极高的文学功底,在《体验悲哀》中细致地描绘了人们在亲人去世后的哀伤历程。这是一部体现了人文关怀和探索悼亡心理的书。同时表达了精神分析流派心理学家眼中的悼亡本身的意义:悲伤对于人们的精神健康是一种具有重要意义的心理过程。其实可以将死亡看作一种不断促使我们改变的力量。而哀悼的情绪促进我们接受分离,从而准备好建立新的关系。其实无论是在哪里,都是很忌讳谈论死亡问题的,并且在人死后人们会将死者彻底理想化,而对于他的缺点并不会再提起。由此,逝去的人在人们心中的良好形象更甚,也更加怀念逝去的亲人。而面对亲人离世的方法其实并不难,就是要直面哀伤,不仅要哀伤还要接受在其过程中产生的每种情绪。本书用梦阐释了哀伤的过程,使其充满吸引力。

3. 《治愈悲伤》

(英)尼尔·汤普森著,张莉、魏月红译,上海人民出版社,2018年版。

推荐理由：《治愈悲伤》站在更加广泛的角度上看待悲伤,描述了悲伤所带来的心理和社会问题,并且加入案例进行说明,悲伤可以被转化,甚至转化成为正面的动力。本书共有三个部分九个章节,从整体上看是由理论到实践帮助读者解读、应对和治愈悲伤。由于是站在更广泛的视角,所以对于悲伤的分析更加广泛,包括分析悲伤产生的环境背景以及悲伤引起的各种反应。并且用一些事例使得读者更加真切和清晰地感受到悲伤的两面性。

4. 《悲伤的另一面》

(美)乔治·A.博南诺著,叶继英译,中国人民大学出版社,2015年版。

推荐理由：作者在书中展开了一个持续35年且包含了1.6万人的研究,甚至有一部分参与者被跟踪20年左右。本书通过叙述在丧亲前、丧亲时、丧亲后的生活经历,展现出人类与生俱来的复原能力。当面对一系列痛苦事件时,人类与生俱来的复原能力就随处可见了。死亡往往能够唤醒人们内在的生命失调感,但是即使是受到死亡恐惧的威胁,人们仍会保持强烈好奇心。当哀悼的时候,人们会与这种失调感共存,并且无法反抗被带到未知世界,所以当哀伤渐渐消退之后,很多的丧亲者便会意识到自己应该如何处理和面对自己的哀伤,从而开始继续进行正常的生活。

5. 《走出悲伤》

(法)鲍里斯·西瑞尼克著,闭朝莲译,广西科学技术出版社,2013年版。

推荐理由：西瑞尼克从有记忆开始就被纳粹追杀,其双亲都死在了奥斯威辛集中营,小时候他会觉得自己"心脏上好像"插了一段木头或者是"脑子像是一堆稻草"。后来,一位女教师收留了他,他逐渐开始心理学的学习,在学习中他逐渐被治愈。本书是西瑞尼克走出心理困扰以后想告诉大家的感受,是他摸索出的走出伤悲的历程。他用亲身经历告诉内心受到伤害的人们,走出悲伤的决定性因素是与他人保持联系,并且要相信自己与生俱来的内在能量。对于所有人来说，生命中都会具有一些悲伤和曲折，这是每个人都无法避免的，情绪不能被我们阻止和压抑，但是我们可以与其共存。我们要学会与悲伤共处，也要有客服它的力量。人可以与悲伤共存，要有强大的活着的能力，生命才得以继续前进。

6.《心理自助：请容许我悲伤》

苏绚慧著，译林出版社，2012年版。

推荐理由：本书关注安慰和治疗方面。书中记述关于作者与病人及病人家属互动的经历，以及她的思考。书中介绍了如何处理负面情绪甚至与其共存，一方面给予丧亲者一些直接的自我调适的方式；另一方面提供系统的、可广泛使用的悲伤辅导的专业技巧。读者可以从书中找到力量，帮助自己从悲伤中走出来。当我们接受自己、认清自己，不再逃避，承认自己的软弱无助时，才能真正感受到自己的悲伤和脆弱。书中指出丧亲者真正需要的是有人理解、包容他们，并且温柔地对待他们。

7.《哀伤治疗：陪伴丧亲者走过幽谷之路》

（美）罗伯特·内米耶尔著，王建平、何丽、闫煜蕾译，机械工业出版社，2016年版。

推荐理由：本书作者是美国死亡教育及咨询协会会长和死亡、临终与丧亲国际工作组主席。我们应该如何从悲伤中走出来然后重新拥有快乐？面对他人丧亲的痛苦我们应该如何做？面对自己的来访者的悲伤和痛苦，我们应该如何从专业的角度帮助他们治疗？《哀伤治疗：陪伴丧亲者走过幽谷之路》中收集了哀伤咨询和治疗领域的干预方法。书中的每种技术都在强调创造性和实践性，充分展现了本领域多样的实践，即近年来不同背景下的临床心理学家实际操作的各种有效的治疗方法，非常适合专业人士参考使用。

8.《疗愈失亲之痛：治愈哀伤的365天冥想练习》

（美）玛莎·惠特莫尔·希克曼著，艾琦译，人民邮电出版社，2017年版。

推荐理由：当玛莎·惠特莫尔·希克曼失去自己16岁的女儿后，并没有沉溺在丧女之痛中无法自拔，而是带着对女儿的爱慢慢走出悲痛。她将自己走出悲伤的过程记载下来，最终编写出这本给予上百万美国丧亲者鼓励和支持的书。玛莎·惠特莫尔·希克曼身为哀伤管理领域的专家，她的工作帮助过无数人走出悲伤。本书销量超过百万册，连续多年位居美国心理自助类图书的前五名。本书共有365篇短文。短文中包括了她走出悲伤的经历，语言通俗易懂，文风充满光和热，教给人们如何渐渐地走出哀伤，获得面对现实、接受现实的力量。同时也给予人们继续前行的力量。

9.《创伤与复原》

（美）朱迪思·赫尔曼著，施宏达、陈文琪译，机械工业出版社，2015年版。

推荐理由： 本书对于心理创伤的来源和内涵的定义为：受害者在压倒性的力量下陷于无助，从而形成一种强烈恐惧、失控和面临毁灭威胁的感觉。而这种压倒性的力量则内容丰富，可能是自然灾害，也可能是类似战争等人为的暴行。由于作者在女性精神医疗中心拥有20年的工作经验，并且在一所大学的附属医院担任教学和督导的工作，所以书中的临床素材丰富，覆盖了多种类型的创伤。从专业角度看，本书可以帮助专业人士深入了解访者心理创伤的本质，提供辅助治疗的方法，进而帮助治愈来访者。而对于受到创伤的人来说，可以从本书中获得共情，可以更加深刻地发现自己、了解自己的心理，同时获得帮助。

10.《哀伤平复自助手册》

（美）詹姆斯主编，胡连新等译，人民卫生出版社，2011年版。

推荐理由： 当悲伤笼罩我们，曾经的痛苦历历在目。我们应该怎样变得快乐？本书讲述了人生中遇到的令人哀伤的事件，作者用温和的言辞讲述本人的故事，向大家分享自己的哀伤辅导过程，可以引导人们走出悲伤带来的伤痛，重拾新的活力，并且找到人生新的希望。本书的最终目的是帮助读者增进其对于悲伤的理解，并且用合适的方式去处理哀伤，从而使得自己或者其他遭受悲伤的人用更正确的方式应对悲伤。本书语言简练，主题突出，内容实用性强，条理明晰。添加了大量的案例，帮助读者更好地理解哀伤及其处理的过程。

推荐电影

1.《妈妈再爱我一次》

1989年，中国台湾，导演：陈朱煌，主演：杨贵媚、李小飞、谢小鱼等。

推荐理由： 电影以倒叙的方式展开叙述：当精神科医生林志强回国后开始从事精神病院的事业时，偶然发现一名病人是他失踪多年的母亲秋霞。其实当年秋霞与林志强的父亲林国荣相爱，但是林国荣的母亲不同意两人的感情，所以借口秋霞身份不清白将两人强行拆散，逼着林国荣娶了别人。然而当时的秋霞已经怀孕，只能投靠乡下的姨母，并且将徐志强生下独自抚养。母子相依为命，感情很好。但是多年以后，林国荣的妻子娟娟被查出不能生育，这时候林家的长辈为了给林家延续香火，使用各种计谋让林志强离开母亲回到林家。秋霞虽然有万般不舍，但她深知林志强回到林家后前途更加光明，所以最终答应。但是由于林志强舍不得母亲，所以经常回乡下找母亲。

在一个风雨大作的晚上，秋霞不慎失足摔下楼梯重伤后，变成了疯妇而走失。而如今母子再次重逢，林志强唱起"世上只有妈妈好"，终于唤醒了母亲压抑多年的记忆，最终母子团圆，喜剧结尾。

2. 《悲伤逆流成河》

2018年，中国，导演：落落，主演：赵英博、任敏、辛云来等。

推荐理由：校园暴力是近年来受关注很高的一个话题，由于其产生的背景和原因令人深究，引发了广泛的社会关注。在《悲伤逆流成河》里，讲述了五位主人公的人生因为校园欺凌事件被彻底打乱的故事。齐铭清是一名长相帅气，各方面都很出众的学生，而他的好朋友易遥与他恰好相反。虽然两人在别人眼里有着天差地别，但是感情很好。唐小米出现以后对易遥进行刁难，从此流言满天，易遥的生活陷入了深渊，遭受着各种各样的欺辱。这个时候顾森西出现了，他告诉易遥应该如何对自己受到的一切欺辱进行反击，给了易遥改变现状的希望。可是顾森湘的出现再次使易遥坠入低谷。校园暴力中，没有中立者，没有旁观者，所有人都是施暴者。

这部剧充分体现了人性的丑恶和生活的现实。

3. 《海边的曼彻斯特》(Manchester by the Sea)

2016年，美国，导演：肯尼思·洛，主演：卡西·阿弗莱克、卢卡斯·赫奇斯、米歇尔·威廉姆斯等。

推荐理由：若不能与悲伤达成和解，从悲痛中走出来，生活将是灰色的。远在波士顿的李·钱德勒收到了哥哥去世的消息，他不得不回到自己的故乡曼彻斯特。哥哥指定他为儿子的监护人。曼彻斯特对于叔侄两人而言，都是一个悲伤之地。由于李·钱德勒的过失，致使两个女儿葬身火海，妻子也因此离开了他。李·钱德勒想带侄儿离开曼彻斯特这个伤心之地，然而，侄儿不愿意离开学校和朋友。叔侄两个人在面对失去亲人的痛苦中惨淡地相处，时不时爆发冲突。最终，李·钱德勒将侄儿的监护权交给他人，自己离开了。若李·钱德勒能够与自己过去的悲伤和解，就不会独自一人生活在自责之中。悲伤不能躲避，只有正视了，生活才会有

4.《悲伤电影》(Sad Movie)

2005年，韩国，导演：权宗官，主演：郑雨盛、车太贤等。

推荐理由：我们永远不知道明天和意外哪一个先到来，所以要珍惜现在。本片中有四段感情：拳击选手因为厌倦了当下的辛苦生活，在一次偶然的机会中，他找到了新的工作，在新工作中看到了很多人生的分分合合，所以更加坚定了他对女朋友的爱，也坚定了要一起走下去的决心，但是现实的残忍终究使其事与愿违。珠蓉是一名职业女性，她的工作压力很大。工作上的繁忙使得她忽略了对家庭的照顾，特别是对儿子的关爱，有一次她因为胃病住院，给她和儿子提供了一个亲近的契机。手语主播秀珍和消防员镇宇是一对情侣，由于消防员是一个高危的职业，所以她并不想让男朋友继续这份职业。当两人磨合到终于准备结婚时，意外发生了。秀恩是一个哑女，她在公园参加活动时与画家尚宇相遇，因为一幅画两人相识。因为秀恩戴着面具，尚宇并不能看清她的长相，但是两人却在神奇中坠入无声的爱河。

5.《结婚礼服》(Wedding Dress)

2010年，韩国，导演：权亨镇，主演：宋允儿、金香奇等。

推荐理由：这是一部令人声泪俱下的电影。故事发生在一个普通的单亲家庭中，母亲身患绝症，女儿十分懂事，然而因为母亲原来工作的忙碌，两人的关系并不和谐。母亲是一名设计师，年轻时不顾家人的反对选择了自己所追求的爱情，生下了女儿。当她知道自己患重病且时日不多时，开始从忙碌的工作中抽离，开始关心自己的女儿，为女儿付出，为女儿改变，不仅为女儿做饭还为女儿设计婚纱。而女儿也从开始的独立和孤独中抽离，开始适应有妈妈介入的生活，为了适应妈妈，她克服了很多自己的心理障碍和以前的习惯，尽自己的努力做着一切她认为可以留住妈妈的事情。

附录：悲伤体验问卷

悲伤体验问卷

(Grief Experience Questionnaire，GEQ)

在完成下列问卷时，请回忆自从亲人去世后你的感受。采取5级评分，每个项目评分范围为1~5分，即几乎从不、很少、有时、经常、总是。有可能有些问题并不适合你,那你可以选择"从不"。对于那些你仍能记忆犹新的体验,请努力回忆这些感觉持续了多长时间。你可能发现有些体验是短暂的,而有些在最终消失之前持续了很长一段时间,还有一些感受和体验是你现在仍然在经历着的。在考虑问题是否适合你之后,请努力判断并做出适合你的回答,在亲人去世后到现在你经历这些感受的频率。除了用下列描述和回答之外,你还有其他感受和体验,也可以在问卷纸的空白处写下来。

项目	分值				
1. 你认为应该去看医生	1	2	3	4	5
2. 感到发抖、抽搐或颤动	1	2	3	4	5
3. 感到紧张不安	1	2	3	4	5
4. 感到你一天都活不下去了	1	2	3	4	5
5. 觉得你无法走出亲人去世的阴影	1	2	3	4	5
6. 认为你的亲人还不应该到死去的时候	1	2	3	4	5
7. 设法找出他/她死亡的合理原因	1	2	3	4	5
8. 感到被朋友回避	1	2	3	4	5
9. 觉得别人会因他/她的死亡而责怪你	1	2	3	4	5
10. 你因亲人的死亡而有羞耻感	1	2	3	4	5
11. 在你的亲人去世后感到内疚	1	2	3	4	5
12. 觉得你的亲人在世时对你有些抱怨	1	2	3	4	5
13. 感到你和亲人的问题促使了他/她最终的死亡	1	2	3	4	5
14. 避免谈论亲人死亡的事	1	2	3	4	5
15. 亲人的死让你感到尴尬	1	2	3	4	5
16. 见到认识你和你亲人的人会让你感到不舒服	1	2	3	4	5
17. 感觉被你的亲人遗弃了	1	2	3	4	5
18. 想要结束自己的生命	1	2	3	4	5
19. 想知道你的亲人不想再活下去的动机是什么	1	2	3	4	5
20. 觉得你本应该有办法阻止他/她的死亡	1	2	3	4	5
21. 告诉别人死亡的原因和真实的情况是不同的	1	2	3	4	5

说明与解释:

将每个选项的分值相加即为总分。分值越高,代表悲伤水平越高。

第七章　愤怒情绪的团体辅导

导语

什么是愤怒？愤怒和我们的生活息息相关，你似乎常感觉到愤怒存在于生活的任何一个角落，却又不知道如何把愤怒具体地描述出来。在讲到底什么是愤怒之前我们先来看一则小故事。

哈理斯和朋友在报摊上买报纸，朋友礼貌地向摊贩说了声"谢谢"，但摊贩根本不搭理他。

哈理斯问道："这家伙态度很差，是不是？"

"他每天晚上都是这样的。"朋友说。

哈理斯又问："那你为什么还是对他那么客气呢？"

朋友答道："为什么我要让他决定我的行为呢？"

很多时候愤怒之所以产生，表面上看，是因为别人做了对不起我们的事，或是对我们说话态度太差，从而导致我们心情不好，产生愤怒的情绪。或许我们会为此闷闷不乐，也许我们会为此大发雷霆，但我们没必要因为他人的错误或者他人的习惯而惩罚自己。

那么愤怒到底是什么呢？

愤怒是当愿望不能实现或为达到目的的行动受到挫折时，引起的一种紧张而不愉快的情绪，也存在于对社会现象以及他人遭遇甚至与自己无关的事项之中。愤怒是一种原始的情绪，在动物身上是与求生、争夺食物和性等行为联系着的。愤怒还是一种消极的感觉状态，一般包括敌对的思想、生理反应和适应不良的行为。愤怒激发我们进行报复。

愤怒是人类的本能，在人的成长过程中出现较早。据科学研究表明，出生 3 个月的婴儿就有愤怒情绪。当幼儿的目的无法实现或者行动受到阻碍时，会唤起他们的愤怒情绪。例如，约束婴儿活动、强制婴儿吃饭、不给他玩具等，均可引起他的愤怒，每当这时婴儿就可能大哭大叫。随着年龄的增长，由于愿望不能达到或与同伴争吵，也常引起愤怒。在成人身上，愤怒依赖于人已形成的道德准则，常属于道德感的范畴。其实，愤怒很多时候是因为没有满足个人的需要，你对他人或对自己的期望过高，但事实却与理想状态相差甚远，这时现实和理想的差距就会导致愤怒。

愤怒会对个体的身体健康产生十分恶劣的影响，摧毁人的免疫系统。《欧洲心脏杂志》的研究显示，愤怒两小时犯心脏病和脑卒中的风险是平常的3~5倍，室性心律失常的风险也明显升高，而这些都是引起猝死的罪魁祸首。其原因是暴怒等失控的消极情绪会释放大量肾上腺素和去甲肾上腺素，引起心跳加速，心肌收缩力增强，同时血管收缩，导致血压升高，心脏负担加重。过度激活还会引起血脂水平升高，激活血小板，促进斑块破裂，诱发血栓形成，容易发生心肌梗死和脑卒中。同时，生气、发怒会引起交感神经兴奋，并直接作用于心脏和血管，使胃肠中的血流量减少，胃肠蠕动减慢，食欲变差，严重时还会引起胃溃疡，胃酸也会刺激胃黏膜损伤出现胃炎，导致胃痛等消化系统疾病。除此之外，情绪会通过下丘脑垂体系统影响内分泌和免疫系统，从而改变肿瘤发生发展的进程。你愤怒，癌细胞就高兴，肿瘤就会有可乘之机。

看到愤怒能够带来如此多的伤害，那是不是说我们就不应该愤怒，要永远保持心情愉快呢？永远的心情愉快是我们追求的目标状态，然而，现实生活总是差强人意的，天不遂人愿，事不尽人意。我们不能拒绝愤怒，毕竟其原始的意义是为了保护我们。一项基于面部表情观察的心理学研究发现：只要个体控制好愤怒，不是过分的激动，愤怒对个体的身心健康是有益处的。当出现紧张情绪时，那些做出短暂愤怒反应的人，会有一种控制和乐观的感觉，这种感觉是那些反应为害怕的人所不具备的。在令人紧张害怕的情况下，愤怒是一种适宜的情绪。但长期的爆发性的愤怒却是非常不可取的。压抑愤怒会引起一系列的机能障碍：不满情绪会转化成一种内心的狂躁，让神经饱受考验，甚至变得更敏感易怒；怒火也可能会找到一个替罪羊，发泄在无辜者身上。同时，压抑愤怒并不能从根本上解决我们的问题，也不能让我们得到本应得到的利益，忍气吞声并非是对待问题的正确解决方式。

因此，我们需要的不是抛弃它、压抑它，而是要学会如何正视愤怒，如何正确地解读、处理愤怒。对于两性而言，在愤怒的表达上也存在差异。男性更倾向于表达愤怒，这与男性天生具有的攻击性有关。男人之所以会愤怒，往往是因为他感觉到自己的尊严、权利受到威胁。女性更倾向于用温婉的方式表达，例如，用温和的言语表达愤怒，这与社会对女性角色的定位与要求有关。女人之所以会愤怒，往往是因为感到被拒绝、被忽视和嫉妒。

心理学家艾耶·古罗·勒内说："我们必须要倾听自己的愤怒，因为它能帮助我们保持个性的完整。"

我们到底应该如何面对自己的愤怒，并有效地化解它呢？首先，降低你的期望，可以减少你的愤怒次数、愤怒的强烈程度以及愤怒的时间，减少以自我为中心的看法，使自己的预期接近实际情况。以一颗宽容大度之心面对世界，面对生活，不以物喜，不以己悲，不要过于斤斤计较生活之中的小事，相信自己"宰相肚里能撑船"。同时，适当地表达自己的愤怒，一味隐忍可能会让愤怒更加强烈地爆发，关键是找到一个平衡点。毫无疑问，认清自己的需要，学会表达愤怒，就会与他人建立更健康的关系。最后，放手让愤怒远去，让它慢慢从记忆中褪去。远离生气源，平静地离开那个让你生气的人或事，去做自己的事情。

谈愤怒

无能者的唯一安慰是恼火。

（俄）车尔尼雪夫斯基

愤怒以愚蠢开始，以后悔告终。

（希腊）毕达哥拉斯

忍耐和时间，往往比力量和愤怒更有效。

（法）拉封丹

愤怒使傻瓜变得机智，却改变不了他的困境。

（英）培根

无论你怎样的愤怒，却不要做出任何无法挽回的事来。

（英）培根

勇者愤怒，抽刃向更强者；怯者愤怒，却抽刃向更弱者。

（中）鲁迅

"愤怒"一旦与"愚蠢"携手并进，"后悔"就会接踵而来。

（美）富兰克林

愤怒对别人有害，但愤怒时受害最深者乃是本人。

(俄) 列夫·托尔斯泰

脸上的愤怒神色完全是毁坏生命的。如果它常常出现，美貌便开始枯萎，最终便一去不复返了。

(罗马) 奥勒留

人需要温和，不要过度地生气，因为从愤怒中常会产生出对易怒的人的重大灾祸来。

(古希腊) 伊索

名人故事

故事1 诸葛亮三气周瑜

《三国演义》中的"三气周瑜"是人被气死的典例。

第一气是周瑜和诸葛亮约定，如果周瑜夺取南郡失败，刘备再去取。周瑜第一次夺取失利受伤，但后来打败了曹兵，可诸葛亮却乘机夺取了南郡等地，坐得渔翁之利，既没有违约，又夺取了地盘。气得周瑜金疮迸裂，摔下马来。

第二气是刘备的夫人去世，孙权按照周瑜的计策假装把自己的妹妹孙尚香许配给刘备，想把刘备骗到东吴，再将其杀害。谁知吴国太看中了刘备，不仅不许孙权杀他，还真要把孙尚香许配给他。周瑜便想让刘备长期与诸葛亮等人隔开，并且迷惑刘备，但是失败了。诸葛亮又使计让刘备回到荆州，并且让周瑜中了埋伏，还让士兵讥讽周瑜"周郎妙计安天下，赔了夫人又折兵"。让周瑜气得金疮再次迸裂。

第三气是刘备向东吴借取荆襄九郡，然而东吴怕养虎为患，三番五次要求其归还荆州，刘备和诸葛亮承诺攻取西川后，必还荆州，但迟迟不攻取，此举令周瑜气急败坏，遂想出了到荆州帮助刘备攻取西川，因为欲攻取西川必须途经荆襄，周瑜想乘机攻取荆州，此计被诸葛亮识破，使得周瑜被围，周瑜气急又加之旧伤复发，不治身亡，临终前高呼"既生瑜何生亮"。

评论：生活中有不少像周瑜这样气量狭小、斤斤计较的人，一件小事就足以使其暴跳如雷，不仅常惹得别人不愉快，还会怒极伤身，给自己的身心健康造成恶劣影响，损人不利己。其实愤怒本身并没有错，错的是我们不能正确地对待生活的经历，不能真诚地面对自己，用一颗宽容的心看待事情。其实只要你换一种心态，一种淡泊平静的心态，不以物喜，不以己悲，就会发现生活中并没有什么事情值得自己生气愤怒，从而也能过得更加舒心快乐，对自己的健康也有一定的帮助。

故事2　司马迁发愤写《史记》

司马迁的父亲司马谈是汉朝专门掌管修史的官员，他立志要编写一部史书，记载从黄帝到汉武帝2 600年的历史。受父亲的影响，司马迁努力读书，充实自己的历史知识。他还四处游历，广交朋友，积累了大量的历史资料。

司马谈临终之时，泪流满面地拉着儿子的手说："我死之后，朝廷会让你继任我的官职，你千万不要忘记我一生想要完成的史书哇！"司马迁牢记父亲的嘱托，每天忙着研读历史文献，整理父亲留下来的史料和自己早年走遍全国搜集的资料。

正当他专心致志写作《史记》的时候，一场飞来横祸突然降临到他的头上。原来，司马迁因为替一位将军辩护，得罪了汉武帝，入狱受了酷刑。司马迁悲愤交加，几次想血溅墙头，了此残生。但想到《史记》还没有完成，便打消了这个念头。他想："人总是要死的，有的重于泰山，有的轻于鸿毛。我如果就这样死了，不是比鸿毛还轻吗？我一定要活下去！我一定要写完这部史书！"想到这里，他尽力克制自己，把个人的耻辱、痛苦全都埋在心底，重又摊开光洁平滑的竹简，在上面写下了一行行工整的隶字。

司马迁发愤写作，用了整整18年时间，在他60岁时，终于完成了一部52万字的辉煌巨著——《史记》。这部前无古人的著作，耗尽了他毕生的心血，是他用生命写成的。

评论：现实生活总是差强人意的，天不遂人愿，事不尽人意，比比皆是。既然我们总会与愤怒情绪打交道，就要正视愤怒情绪带给我们的影响。虽然愤怒会带给我们不好的情绪体验，但从另一方面说，又是我们前进路上的催化剂。愤怒情绪可以毁了一个人，同样也可以造就一个人。我们要善用愤怒，找到一个与它相处之道，和平共处才是正道。

案例故事

案例 1　钉子的案例

在某个镇子上，有一个脾气很坏的男孩。某天，他的父亲给了他一袋钉子，并且嘱咐他，每当他发脾气的时候就钉一个钉子在后院的围栏上。第一天，这个男孩钉下了 37 颗钉子。慢慢地，男孩每天钉钉子的数量越来越少，他发现控制自己的脾气要比以前容易一些了。终于有一天男孩可以控制自己不再发脾气。他告诉父亲这件事情，父亲又告诉他，现在开始每当他能控制自己脾气的时候，就从围栏上拔出一颗钉子。一天天过去了，男孩终于把所有钉子都拔出来了。这一天，父亲握着他的手，牵着他来到后院对他说："你做得很好，我的好孩子。可是你看看围栏上的那些洞，这些围栏永远不能变成从前的样子了。你生气时说的话就像这些钉子一样会在别人心上留下疤痕。如果你拿刀子捅别人一刀，不管你说了多少次对不起，那个伤口将永远存在，话语的伤痛就像刀子的伤痛一样令人无法承受。"男孩看着围栏上的这些洞，理解了父亲的良苦用心，从此决定做一个不再发脾气的人。

评论：人与人之间常常因为一些小事，抑或是自身的脾气、性格不合，观念不同产生愤怒的情绪，因此碰撞出一些火花，由此给双方心里造成不可磨灭的伤害。如果我们可以从我做起，宽容地看待世界，那么相信我们的生活中一定会少很多愤怒与伤害。退一步，海阔天空，为别人开启一扇窗，也是为自己打开一扇门。

案例 2　野马结局

非洲草原上有一种吸血蝙蝠，它们常在野马的腿上吸血，叮着野马不松口。这些蝙蝠依靠吸食动物的血生存，不管野马怎样暴怒、狂奔，用尽怎样的办法，都无法把这些小蝙蝠甩开，这些蝙蝠可以从容淡定地吃饱喝足再离开，因此有不少野马被活活折磨死。

但是动物学家观察以后发现，其实吸血蝙蝠所吸入的血量极少，远不足以使野马死去，所以野马死亡的原因是被吸血后的暴怒情绪，使它们因此狂奔，导致活生生被气死。

对于野马来说，吸血蝙蝠只是大自然生物链中的一种挑战，野马对于被蝙蝠吸血产生的剧烈情绪反应才是造成死亡的直接原因。于是人们把因一点小事而暴跳如雷，以致因别人的过失而伤害自己的现象，也称之为"野马结局"。

评论：生活从来都不是一帆风顺的，人在生活中难免会遇到不顺心的事，如果不能宽容待之，一时情绪激动，甚至大动肝火，就会严重危害自身健康。动辄生气的人很难健康、长寿，很多人其实都是"气死的"。因此，对于生活中的细枝末节，我们应该报以宽容的态度，大事化小，小事化了。

心理学实验

实验 1　人际冲突

心理学家朱利安·泰普林曾直言：愤怒是人性中的最大弱点，而不是很多人认为的勇气。其实很多人存在认知的错误，自己有理并不一定要反映在动辄发怒上，而是让自己在需要的场合保持理智与沉默。人类的心理本性具有极强的敏感性，这种敏感性一旦反映出来或者失控，那么感性便很容易淹没理智。通常讲随着时间的推移，感性带来的冲动会由强变弱，而理性会由弱变强。

在愤怒情绪中，一个人真正愤怒的对象并不总是对方的实体，而是对"自己心中所体验到的或眼中所看到的幻象"的愤怒。每个人的心理情结都不相同，自己的想法在别人心里完全不是问题，自己的痛苦与愤怒也与他人毫无关系。所以愤怒的本质来源于个人内心的所思所想，为什么我们常说，生气是拿别人的错误惩罚自己。心理学家发现，我们常常把别人当成自己的一部分，像使用自己的身体那样使用别人，这叫"自体客体"。如果用起来不那么得心应手，就会有挫败感，从而愤怒、生气，这就是"自恋性愤怒"。自体客体和自恋型愤怒是人际界限不清导致的。

国外有个心理实验室对个体对待人际关系冲突时的方式进行了划分，较为客观地分为五种类型：回避、对抗、妥协、迎合与合作。而每个人究竟采用哪种方法应对人际冲突，主要取决于个体本身为自己设立了什么样的目标与个体的需求。但其中毫无疑问的是，合作是最佳的冲突处理方法。

评论：愤怒有时候只是对自己心中所体验的情绪愤怒，而不是对对方的实体愤怒。明白这一点可以帮助我们在下一次愤怒情绪来临时，更理智地看待使我们愤怒的事件，使愤怒情绪从对方实体中脱离开来，帮助我们"对事不对人"，更好地维护人际关系，也可以帮助我们更快地平复愤怒情绪。

实验2　愤怒导致危险驾驶行为[①]

不良情绪是引发交通事故的重要诱因。其中，愤怒是导致攻击性驾驶行为的重要心理因素之一。

愤怒情绪对驾驶行为较为普遍的影响包括：驾驶速度、制动频率、换挡频率、鸣笛、斑马线减速等方面。研究人员在模拟驾驶情境下，通过诱发驾驶员的愤怒情绪，研究了愤怒情绪对各种驾驶行为的影响。实验结果表明：

（1）愤怒情绪使驾驶员的平均驾驶速度增加，将增大交通事故发生的概率。

（2）愤怒情绪使驾驶员按喇叭鸣笛的频次比平常状态有显著增加。

（3）愤怒情绪使斑马线减速让行的次数比平常状态显著下降。

评论：由"路怒症"引发的各种交通事故的悲剧经常出现在各类新闻报道之中。实验充分证明：愤怒情绪对驾驶员的认知、判断和行为方式会产生消极影响，从而可能导致产生许多危险驾驶行为。冲动是魔鬼。愤怒情绪对于生活有着极大的破坏力。当人深陷愤怒情绪中时，常失去理智，变得不够冷静、判断力下降、意志力薄弱、自制力丧失，做出冲动、危险的行为，最终导致惨痛的后果，使生活变得混乱。一时的愤怒不仅不能解决问题，相反，还会制造出新的麻烦，牵连出一系列的负面影响。因此，要学会制怒，控制好愤怒情绪。

[①] 钟铭恩，洪汉池，袁志群. 愤怒情绪对驾驶行为影响的实验［J］. 重庆理工大学学报（自然科学），2011（10）：10-15.

团体辅导活动方案

一、整体活动安排

活动	主题	活动目标	活动内容
1	最危险的情绪	让团体成员认识愤怒情绪，学会觉察自己的愤怒情绪，了解愤怒情绪对自身发展的重要影响	1. 天气预报 2. 感受愤怒 3. 接纳愤怒 4. 直面愤怒 5. 消除愤怒
2	为什么会愤怒	明确愤怒的定义、来源、症状。让成员审视自己平日的愤怒及反应	1. 愤怒的记忆 2. 愤怒的诱因 3. 愤怒的选择 4. 愤怒的身体 5. 愤怒的原因
3	识别你的愤怒	学会识别自身愤怒是积极的还是消极的	1. 冥想练习 2. 自信的愤怒 3. 挑衅的愤怒 4. 让愤怒更自信 5. 释放愤怒
4	了解愤怒的根源	了解愤怒的根源	1. 我的童年 2. 消极的核心信念 3. 童年愤怒的诱因 4. 过去已成为历史 5. 如何化解愤怒
5	学会控制愤怒	帮助成员战胜愤怒，变得坚强，拒绝软弱	1. 战胜愤怒 2. 变得坚强 3. 罪恶之花 4. 你有多自信 5. 如何更自信

续表

活动	主题	活动目标	活动内容
6	打造更好的自己	强化自我认同、提升自尊心，以及冥想和沉思	1. 冥想训练 2. 提升自尊 3. 我喜欢的 4. 责任饼图 5. 前进之路

二、具体活动方案

活动1 最危险的情绪

活动目的	活动流程
成员相识，了解团体成员有哪些愤怒	1. 天气预报 说明规则：请学员用肢体动作播报各种天气。晴——双手在头顶围成圆，放大放小；云——双手交叉移动；阴——蒙住双眼；小雨——手指弹动；中雨——鼓掌；大雨——拍腿；雷雨——跺脚、拍腿 活动：现在播报三日内天气。今天晴转多云，今夜阴，有时有小雨，局部中到大雨；明天上午小雨转阴，明天下午有雷阵雨；后天上午晴，下午阴，晚上有雷阵雨…… 提问：天气预报到此结束。天气或晴或阴，就像我们的心情。比如，晴天像什么心情？（快乐） 阴天呢？（郁闷） 雨天呢？（难过） 暴风雨呢？（生气） 引入：天天是蓝天，每天都过得很开心。但实际上，我们在生活中也会遇到阴雨天，甚至出现暴风雨。今天，就让我们来面对愤怒的情绪，面对我们心中偶尔出现的暴风雨
让成员感受愤怒的作用	2. 感受愤怒 故事：讲述绘本故事《亚瑟的故事》。周五的晚上，亚瑟想看他最喜欢的科幻片放松一下。"不行！"妈妈说，"看什么电视啊，快写作业去！"亚瑟开始生气了…… 讨论：听完这个故事，你有什么感受吗？（师生对话）
让成员学会接纳愤怒	3. 接纳愤怒 交流：愤怒是一种有破坏性的情绪，但是有时候，我们的确会生气 在我们的调查中，学员提到的愤怒的事情有哪些 讨论：组织者提问，这些事情，让我们愤怒的真正原因是什么（这些事情伤害了你什么？）

续表

活动目的	活动流程
让成员学会应对愤怒	4. 直面愤怒 过渡：为了能够停止伤害、恢复尊严、争取权益，我们有时候会和人争论，有时候会沉默下来不说话，有时候会大发脾气，还比如亚瑟是不声不响就开始发脾气。每个人表达愤怒的方式是不一样的。你的愤怒表达方式又是怎样的呢 学员活动： ①个人作业：请用简单的语句写下你在生气时最可能有的行为反应 ②小组活动。分类：如果用天气来形容，小组内的各种行为反应分别像哪一种天气？讨论：这些不同的行为反应可能会给我们带来怎样的影响？分享：讨论结束后需要推选一名代表向全班做分享交流 全班交流：各组学员的代表分享自己小组的讨论结果，分类张贴并说明原因和影响。有哪些像阴天？原因是？影响是？哪些像雷阵雨？原因是？影响是？其他的有哪些？学员分小组讨论，在纸条上记录自己在生气的时候最可能有的反应。分门别类贴在黑板上天气图标下 提问思考：那么，怎样的方式可以帮助我们更好地表达想法呢？以亚瑟为例，亚瑟怎样让妈妈更清楚地了解他的想法呢
帮助学员学会控制愤怒	5. 消除愤怒 过渡：成功的沟通涉及合适的场合地点、语气方式。大家一起看看，如果亚瑟是这样说出他的感受，故事是否可能有些不一样呢 对话：①妈妈，当你不让我看科幻片而让我做作业时（具体描述发生的事件），②我觉得非常生气（描述自己生气的程度），③因为我学习一个星期很累了，需要放松和休息（描述自己产生这种感觉的真正原因），④我希望你可以给我更多的自由时间（描述自己希望解决问题的最好方案） 活动：学员尝试用"神奇的对话"进行表达练习（背景音乐：八音盒），可以在名称栏写代号 学员分享：清楚、明白地说出自己的感受也许需要很大的勇气和智慧，请学员尝试说说……也许你觉得在大庭广众之下谈论自己的感受有些不合适，那么你可以试试在课后和让你生气的人聊聊，或者你觉得写下来就已经让你感觉很不错了，那么，可以把纸贴在日记本里，或者撕掉，都没有关系，这取决于自己

活动 2　为什么会愤怒

活动目的	活动流程
识别自身的愤怒情绪	1. 愤怒的记忆 回忆自己曾经愤怒的时刻，小组讨论，我们为什么会愤怒？面对他人的愤怒，你会有什么反应
了解自身愤怒的诱因	2. 愤怒的诱因 停下来想一想是什么引发了你的愤怒 你是否注意到是什么让你生气、恼怒或者真正愤怒？可能是细小的事情，比如，有人没有盖好牙膏盖，有人在超市打他们的孩子或乱扔垃圾；也可能是一些重大事件，如工资迟迟不发 记下这些引发愤怒情绪的事情，并且将愤怒的程度记录下来。试着使用下列词汇描述 我的愤怒诱因：恼火/发怒的、很恼火/很气愤、生气的、愤怒的、狂怒的
区别健康与不健康的愤怒	3. 愤怒的选择 讨论各自愤怒有哪些特点，并区分哪些是健康的愤怒，哪些是不健康的愤怒。下列问题如果答案是肯定的，就属于积极的健康自控；如果是否定的，就属于消极的不健康的自控，需要调整 是一种合乎情景的愤怒反应 有助于在遇到困难和挑战时产生积极的结果，但可能导致你过分自信 使你在困难时有效地调节自己 帮助你改正错误 它非常灵活，不阻止你的思考 并不妨碍你倾听别人的话 不会使你立即完全失控 使你懂得事情背后的原因可能与你想的无关

活动目的	活动流程
了解愤怒时的身体症状	4. 愤怒的身体 真实性测试 试着注意你愤怒时的反应,其中可能包含下述症状 心跳加速或者心悸 头脑发胀 感觉危险和紧张 紧张得发抖 咬牙切齿 紧握拳头,全身肌肉紧绷 力量充沛,想要踢打物品 怒视某人 头晕、头疼、头嗡嗡作响 要么站直,要么蹲下准备进攻 硝烟味弥漫 感觉头要爆炸了 想要踹门或砸东西 想要加速做某事
了解自身愤怒的原因	5. 愤怒的原因 什么引发你的愤怒?你可以识别上述症状吗?当你生气时,你又会如何表现呢?请写下来,团体分享

活动3 识别你的愤怒

活动目的	活动流程
减压、放松身心	1. 冥想练习 请大家坐在椅子上,尽可能地舒服放松,闭上眼睛,深深地呼吸。在吸气的时候,想象大自然的阳光、新鲜的空气、愉快的心情,通过我们的呼吸,把它吸入身体。在呼气的时候,想象把疲劳、不愉快的心情、身体上的疼痛通过呼气排出体外。你会觉得越来越轻松,越来越自然,越来越平静。继续调整呼吸,让自己平静下来,接着想象自己离开会议室,来到大海边,大海非常辽阔,蓝天白云,海鸥飞翔。站在海边,呼吸着新鲜的海风,让凉凉的海水拍打着你的脚面。凉爽、细腻、自然、轻松,把长期积累的疲劳、不愉快的心情,装在小瓶子里面,扔得远远的,让它远离我们。留下的是轻松、愉快、满足和希望。请你继续享受海边美好的景象。然后想象告别大海,回到会议室,坐在自己的小组里,继续保持放松、自然、宁静、舒服、惬意的感觉。数到三的时候,再慢慢地睁开眼睛

续表

活动目的	活动流程
了解自身的愤怒哪些是自信的	2. 自信的愤怒 模拟演练，让自己在愤怒时变得更加自信
了解自身愤怒哪些是挑衅的	3. 挑衅的愤怒 未经思考之前，你就已经破口大骂或者大打出手 如果你想要某件东西，你就会大喊或者越来越愤怒。例如，在超市，你也许会提高说话的音调，或者在队伍中躁动不安 当别人挡在你的车前时，你希望他离开你的车道 你在与别人谈话时打断对方或者忽略对方，你可不想和傻瓜打交道 如果有人批评你，你会加倍讨回来
如何改变自身的愤怒情绪	4. 让愤怒更自信 模拟演练愤怒改变方法 学会正确地对待批评，并且接受别人对你说的事实。但这并不意味着你一定接受他们说的每句话 学会处理你的愤怒。当有人打搅你时，找个恰当的时间和方式告诉他。不要让你的愤怒蔓延，因为它会积累成巨大的力量和攻击性 只说现在。很多争吵越演越烈都是因为翻旧账。所以只说你要说的，而不要说其他的事。如果有人提及其他的事，你可以平静地说："是的，但我正在说的是这件事，而不是那件。"就事论事，并准备好离开 找准时机。不要试图在喝醉、天色已晚、感到疲惫或正在开车的时候去讨论事情。应该给自己一个平静期，让自己离开并且想一想，可以在花园里做做运动，做一些其他的事情或者睡觉。到时候你的愤怒也许会慢慢消退 选择自信而非攻击。这意味着对一些事情要学会放手，因为他们不值得你如此动怒。你只需要在有些事情上证明自己就可以了 不要总是试图掌握决定权。在争论中你总是感觉决定权很重要吗？掌握决定权能证明自己更胜一筹吗
帮助成员了解自己的愤怒源以及愤怒反应	5. 释放愤怒 成员按照每 5~6 人一组分成若干小组 给每位成员一张白纸和一支笔，请大家在图中写出自己愤怒的来源。大小不同的圈代表程度不同的愤怒，远近不同的圈代表时间

活动 4　了解愤怒的根源

活动目的	活动流程
探索愤怒的早期形成	1. 我的童年 回忆童年有哪些令你愤怒的情景，请写出来，小组之间讨论，如果在今天，你会做哪些改变？ 例如，你可能重复以下的负性思维： "总有一天我会报仇的" "这不公平，每个人都在找我的茬儿" "每个人都不尊重我" "每个人都忽视我"
了解自身消极的核心信念	2. 消极的核心信念 回忆一下童年的家庭生活环境，讨论你经历过哪些创伤，这些创伤对今天有什么样的影响？把它写下来
探索童年愤怒的诱因	3. 童年愤怒的诱因 早年与母亲或者照顾者是否分离？家人在性、情感和生理方面是否有越界行为？是否经历过暴力、色情等，以及家庭变故、火灾等心理创伤？是否被经常批评、忽视和虐待
了解过去已经成为历史，学会活在当下	4. 过去已成为历史 小组讨论如何从过去走出来，活在当下
促进成员接纳自己的情绪，关爱自己	5. 如何化解愤怒 在你的生活中，有些事情是在愤怒之下做的，尽管你不希望这些事情发生。也许你无法采取补救措施，但是你可以表明自己在改进，并且明白自己为什么那样做。如果你曾因为报复或怀疑而伤害到对方，那么你现在的改变对他们来说是很有意义的 小组讨论，我们可以如何做 例如：给你伤害过的人写一封信，或者面对面说声"对不起"，学会保持真诚，善待每个人等

活动 5　学会控制愤怒

活动目的	活动流程
总结战胜愤怒的方法	1. 战胜愤怒 在组织者指导下，成员运用前面的方法，对童年或当前愤怒情绪进行处理，小组讨论，分享或角色扮演。最后总结自己掌握了哪些方法，与成员分享
学会坚持自己的立场	2. 变得坚强 利用生活中的认知疗法工具箱，学会消除愤怒 制订计划，并坚定改变自我的决心 了解自己的世界观以及如何运用它 发现并记录自己的消极想法 找到并消除自己的思维误区 澄清问题并进行测试 重新考虑一下自己的决定，并有改变自我的决心 战胜自身的焦虑症、恐惧症、心理创伤、强迫症和成瘾行为 驱散头顶的"小黑雨云" 消除愤怒
强化控制愤怒的训练	3. 罪恶之花 制作一张能触发你愤怒的事物清单 想想最近什么事情使你特别想发脾气，按真实情况填写"罪恶之花"
自我测试	4. 你有多自信 你有多自信呢？有没有在一些情景下，心理充满恐惧却不得不自信满满地走向前？记下生命中你觉得最不自信和最自信的时刻。可能是你为人父母时，可能是你刚刚参加工作时，可能是你教育孩子时，可能是你跳舞、表演、独处的时刻，又或者是你感到自信的时刻
学会用认知行为疗法来增强自信	5. 如何更自信 小组讨论，并分享总结

活动6　打造更好的自己

活动目的	活动流程
觉察力训练	1. 冥想训练 坐在一个安静的地方，闭上你的眼睛，慢慢地吸气、吐气，脑子也随着活动。按照提示每天坚持做下去
学会提升自尊的方法	2. 提升自尊 讨论如何提升自尊。如关注健康和饮食、减少烟酒摄入量、打扮自己、理清财务状况、参加锻炼。请制订一个有效的行动计划，在小组中分享，讨论如何坚持
强化自尊	3. 我喜欢的 在镜子面前，试着对自己说"我很好"或"我喜欢自己"，写出十个你对自己最满意的地方
学会承担责任	4. 责任饼图 有没有什么事情让你感到责任重大或者不堪重负？如果所有的错都在你那里，你是否会感到内疚或糟糕透顶 这些事情可能是失业，你的孩子正处于水深火热中，有人生病或受伤填写一个责任表，并用饼图估计你的责任份额。如你失业或还没有找到工作，记录你的想法，写出你的思维误区，如何看待这个问题，你的责任份额占多少
学会用认知行为疗法改变自己的生活	5. 前进之路 小组一起阅读短文： "如果没有一个远大的目标，你就不可能快乐；没有自我认知和自我接纳，你也不可能快乐。如果你觉得失落，可以向几百年前的哲学家们求助……所以，幸福是表里如一的，二者并不矛盾。真正的朝圣者在和外部世界的邪恶做斗争的同时，也在内心培养某种精神" 小组分享阅读后的思考

行动指南

理念指南

1. 学会放手,不要让愤怒保持热度,让愤怒远去。
2. 不要总是对愤怒事件念念不忘,让愤怒在记忆中慢慢褪去。
3. 愤怒的打击最终伤害的只有自己。
4. 愤怒是一种冲动的、短暂的情绪。
5. 愤怒永远也弥补不了理智的空白。
6. 愤怒往往会成为残忍的根源,造成伤害和耻辱。
7. 愤怒压抑得越久,越容易变成憎恨。
8. 愤怒非常容易让人失去自我意识和控制。
9. 愤怒往往伴随着愚蠢。
10. 愤怒的结果往往是后悔。
11. 不因愤怒而夸大事态。
12. 愤怒形于脸色是懦者的表现。
13. 愤怒的处理可以彰显一个人的智慧。
14. 了解自己的期望,预期越接近实际,越不容易愤怒。

行为建议

1. 降低对事情结果的期望,减少引起愤怒情绪的不合理期待。
2. 记录一次愤怒的原因、次数、强烈程度以及持续时间,总结分析。
3. 远离那些导致愤怒的生气源。
4. 从不同的角度和观点看待愤怒事情,发现不一样的意义。
5. 以中立的立场看待问题,避免个人化,可以减少愤怒。
6. 学会宽容地对待自己和他人,不要太苛刻。
7. 当有愤怒情绪时,收听一些舒缓的音乐。
8. 多进行冥想练习,通过自我觉察减少让自己愤怒的点。
9. 学会宽恕他人的行为,以一颗包容之心看待世界。
10. 重视审视与他人的关系,产生新的认识。
11. 无视那些激怒我们的人。
12. 不要太在意别人的看法与评判。

13. 加强学习与能力提升,增强对自己生活的控制力。
14. 愤怒时,多做深呼吸,通过深呼吸缓解愤怒情绪。

重点推荐

推荐读物

1.《控制愤怒》

(美)阿尔伯特·埃利斯、雷蒙德·奇普·塔夫瑞特编著,林旭文译,机械工业出版社,2014年版。

推荐理由:愤怒是一种非常可怕的情绪,如果不加以控制,小到可以损伤身体与心理健康,让自身的生理机能受损、内心变得焦虑不安,还会伤害个体的人际关系及周边的人,例如,路怒症的人士不仅对他人带来伤害,还会对社会公共设施、社会氛围造成严重破坏。因此,对于愤怒一定要学会控制,这也是心理治疗当中许多学者关注的重点领域。阿尔伯特·埃利斯博士是一位美国临床心理学家,是理性情绪行为疗法的创造者。他不仅受到心理学业内人士的尊重,也赢得了普通大众的依赖与尊重。阅读本书,有助于帮助个体认识愤怒对自己的身体、心理、人生所造成的伤害;通过阅读本书对案例的解析,有助于我们建立更为合理的信念,消除那些不合理的信念,以减少愤怒情绪的伤害。书中有一些非常容易掌握的练习方法,相信通过练习可以帮助自己,减少愤怒反应,甚至消除愤怒。

2.《愤怒之舞》

(美)哈丽特·勒纳著,张婕译,中国城市出版社,2011年版。

推荐理由:本书的作者是美国一位知名的心理治疗师,写过很多畅销书。本书主要是通过女性的视角审视愤怒、理解愤怒、疏解愤怒。愤怒是一种信号,传递着某些信息,应当被人们重视;愤怒作为一种心理现象,是因为其有自身的理由和价值。愤怒向我们展示了生活中出现了问题,让我们感觉到了伤害,提示我们问题必须要加以解决了。本书通过多个案例深入而细致地解析,发掘并解读不同境遇中案例个体内心所隐藏的情绪、矛盾,并针对问题给出相应的改进建议。相信通过阅读本书,能够让自己重视面对生活中愤怒所带来的挑战,走出愤怒情绪的困扰,静下心来,重新审视身边的关系,发现自己,不断超越自己。

3.《愤怒是生命给你最好的礼物》

（印）亚伦·甘地著，宣奔昂译，南海出版公司，2018年版。

推荐理由：愤怒情绪是当下最具负能量的情绪，世人为各种理由而愤怒，为得不到而愤怒，感觉少得到而愤怒，感觉受到了不公正对待而愤怒，等等。本书的作者是"非暴力"哲学的代表人物圣雄·甘地的孙子，他将先辈的理念运用到如何处世上。愤怒是人类的基本情绪之一，刚出生几天的婴儿都会表现出愤怒的情绪。这是人类最为原始的一种自我保护的心理机制。愤怒能够向敌人展现出最大限度的震慑，以达到避免暴力冲突所带来的伤害。愤怒这种人类的本能情绪，虽然初衷是为了保护，然而，愤怒的失控会让人失去判断力，会对人际关系造成不良的影响。如何面对自己，如何跨过愤怒的负面情绪？如何化愤怒为力量？在本书中给出了最为实际的做法，就是写愤怒日记。通过撰写愤怒日记，帮助自己理清愤怒的缘由，发现解决愤怒的途径，防止愤怒伤及他人。

4.《愤怒可杀人》

（美）雷德福·威廉姆斯、弗吉尼亚·威廉姆斯著，丁海霞译，京华出版社，2011年版。

推荐理由：愤怒导致伤害。许多新闻中都曾报道过因为愤怒而失去理智导致伤人、杀人的消息。然而，愤怒作为一种负面情绪，它的冲动不仅会导致伤害他人，而且还会对愤怒的主体产生致命的影响，导致患上心脏病和其他致命疾病的风险增加。本书的作者雷德福·威廉姆斯是国际行为医学协会主席、美国心身医学协会主席、行为医学协会主席，是杜克大学行为医学中心主任、精神病学与医学教授。他在书中详细介绍了关于愤怒、冲动、攻击性想法的最新研究成果，并梳理出16种切实可行的控制和减少愤怒的办法，通过一般原则、要点和练习的方式呈现出来。例如，与自己讲道理、转移注意力、冥想、避免过度刺激、宽恕、容忍、自嘲、信任他人、假设今天是你的最后一天，等等。相信通过对这些办法的理解与运用，读者会切实可行地减少愤怒、减少敌意。

5.《超越愤怒：男人的情绪管理与制怒之策》

（美）托马斯·哈宾著，蔡飞译，人民邮电出版社，2017年版。

推荐理由：愤怒虽然是人类天生的情绪之一，然而，男性与女性对愤怒的处理方式不尽相同。与女性相比，男性更容易表现出愤怒情绪，更喜欢运用暴力的手段处理愤怒。本书的作者结合自身多年的心理治疗经验，从男性的角度审视愤怒情绪，提供处理愤怒情绪的方法，希望帮助那些受到愤怒困扰的男性，将他们从愤怒的痛苦中解脱出来，改善他们的生活、人际质量。本书提供了许多具体的案例，通过案例的讲解展现愤怒对于人际友谊、事业发展、家庭生活的不良影响，并提供相应的练习让读者学会如何识别愤怒、控制愤怒、阻止愤怒，养成良好的行为习惯。虽然本书是写给男性的，但也不妨碍女性阅读。女性阅读之后可以更好地理解身边男人的愤怒，更好地帮助身边的男人走出愤怒，自己也可以学会应对愤怒的策略。

6.《怒气与攻击》

（瑞士）维雷娜·卡斯特著，章国锋译，三联书店，2003年版。

推荐理由：从古到今，从东到西，人与人之间总是充满了各种各样、大大小小的矛盾与冲突。我们希望最有效率地做事，在最短的时间内产生最大的效益。因此，我们就对解决冲突失去了耐心，最简便、最直接处理矛盾与冲突的方式就是运用愤怒，运用各种带着攻击性的武器来解决冲突。结果往往不是解决了问题，反而滋生了更多的问题；不是解放了自己，反而困扰了自己、误解了对方。人们到底应该如何去遏制自身的愤怒，如何处理自己以及周围人的愤怒，如何用建设性的态度处理情绪，避免给自己、给他人造成不必要的伤害？本书的作者是苏黎世大学心理学教授，是国际分析心理学协会主席、国际精神分析心理学协会主席。她在本书中详细地阐述了愤怒的溯源、愤怒的功能、愤怒的障碍等问题。阅读此书，读者可以在自我保护和自我发展的同时，承认并尊重他人自我保护和自我发展的权利。既学会如何善待自己，也学会如何不苛刻地要求他人；既学会如何理解自己，也学会如何宽容他人，在表达中学会控制愤怒。

7.《愤怒，爱的另一面》

（美）盖瑞·查普曼著，谭臻译，世界知识出版社，2015年版。

推荐理由：《愤怒，爱的另一面》是情感大师盖瑞·查普曼博士用专业的人类学知识和30多年的辅导经验，帮助我们发现怒火的根源，积极地面对愤怒，进而修复破碎的人际关系。愤怒容易被激起，在感情层面、生理层面和认知层面开始升起。愤怒分为正当的愤怒和扭曲的愤怒。处理愤怒的五个步骤：一是明确告诉自己，我生气了；二是克制自己的冲动；三是找出使你愤怒的核心问题；四是进行选择性分析；五是采取建设性的行动。针对配偶的愤怒，我们需要在最后倾诉爱意。对待孩子的愤怒，我们需要以身作则，引导孩子走出愤怒，并且用无条件的爱，好的榜样以及充满爱的引导为基础，对孩子进行指导。任何的愤怒都是有因的，如果我们发现自己愤怒的时候，请接纳自己，愤怒也是合理的，并且在平时试着学习处理愤怒的方法，变成真正的情绪的主人。

8.《制怒心理学》

（美）罗纳德·波特-埃弗隆、帕特里夏·波特-埃弗隆著，罗英华译，台海出版社，2018年版。

推荐理由：每个人都有喜、怒、哀、乐的情绪，然而，像哀伤、愤怒的情绪却不为人所喜欢，因为它们常带给人们麻烦、苦果、恶果。如何处理好带来麻烦的这些愤怒呢？在《制怒心理学》中可以找到相应的答案。本书的作者将愤怒情绪进行了归类，分成三大类11个小类，包括回避型愤怒、怯懦型愤怒、羞耻型愤怒、习惯型愤怒等。通过对于愤怒的归类来认清自身愤怒情绪的本来面目，认清自身愤怒的风格，在认清的基础上学会更好地表达自身的愤怒，以便将愤怒转化为积极生活的力量，实现身心的愉悦。放下愤怒的确是一件不容易的事情，但是无论如何都要让过去翻篇，才能有机会迎接未来的安宁生活。当自己对自身的愤怒越发了解，就越有能力去控制它，在情绪中游刃有余，更好地解决问题，摆脱多余的愤怒和怨恨，让生活变得祥和。

9.《制怒：如何掌控自己和他人的情绪》

（美）琳达·科汗著，申鲁军译，北京联合出版公司，2017年版。

推荐理由：科学研究表明，感觉和情绪比普通感冒更具传染性。情绪具有传染性，好的情绪会传染给他人快乐，坏的情绪会传染给他人忧伤。愤怒就是一种坏的情绪，会影响自己，更会影响他人。一个人若不能控制自己的愤怒，工作、生活都将受到严重影响。高情商的人，必定是一个能够控制自身情绪的人，而且还是非常善于利用积极情绪去感染、影响别人的人，让自己的人际关系变得更加和谐。因此，对于情绪进行管理是每个人的必修课程。通过对语言、非语言因素的运用，可以将情绪传递给他人，可以有效地影响、管理他人。相信，通过阅读本书，可以让自己知道如何为自己与他人之间设定界线，如何处理自己的愤怒、委屈。

10.《尊重你的愤怒》

（美）贝弗利·恩格尔著，吕亚萍译，上海三联书店，2008年版。

推荐理由：在通常情况下，愤怒被人们所厌恶，本书却告诉我们：愤怒也是一种正常的、健康的情绪，它本身没有好坏之分。如果察觉不出自身的愤怒，没有适当的方式表达愤怒，会让愤怒导致恶劣的结果，让怒火破坏我们的人生、毁掉我们的生活。本书不仅让我们认识到愤怒如何影响我们的人生，更可以帮助我们发现自己的愤怒方式与缘由，让读者学会如何运用愤怒改善自己的生活，将愤怒化作一种积极改变生活的力量。总之，本书教会我们真正理解和应对自己的愤怒，以直接的适当的方式表达愤怒。

11.《生气汤》

（美）贝西·艾芙瑞著，柯倩华译，明天出版社，2007年版。

推荐理由：《生气汤》是一个小绘本，一本教孩子如何处理生气情绪的小画册。内容讲述小男孩霍斯是如何生气的，妈妈是如何帮助他处理的。故事虽短，文字虽少，但作为大学生，作为成年人依然可以从中学会一个道理：要像霍斯的妈妈一样，秉承着一种松弛的人生态度，淡然地面对世界，处理自己的负面情绪。

12.《控制你的愤怒》

（美）W. 道尔·金特里著，周景刚译，机械工业出版社，2008年版。

推荐理由：生气是我们日常生活中的一部分，就像呼吸、记忆、幸福一样常见。生气是每个人的一种情感，任何人都会受到这种情绪的困扰。没有人愿意主动地生气，生气本身是我们神经系统的自动反应。对于成人而言，生气可以反映出个人的脾气秉性，可以反映出个人认知世界的方式，可以反映出个人的生活态度，等等。因此，合理地控制情绪，不为愤怒的情绪所害，可以让我们更好地应对生活、面对生活。《控制你的愤怒》告诉读者，不用彻底消除愤怒，因为它无法消除，也不需要完全消除，只需要对愤怒进行合理的管理。书中提供一些正面的管理和控制愤怒的途径和措施，以及怎样将冲突转变为一种挑战，从愤怒中获益。

13.《你可以不生气》

（法）一行禅师著，游欣慈译，海南出版社，2011年版。

推荐理由：一行禅师是具有国际影响力的佛法导师之一。他所著的《你可以不生气》出版在美国"9·11"事件之后的一周，随即传遍整个世界，成为世界级的心灵畅销书。一行禅师从愤怒的产生、愤怒的熄灭、愤怒的转化、沟通、真爱等角度，帮助人们理解如何与愤怒相处。书中展示了许多实际的例子，告诉读者如何学习谛听、深观，并透过正念的方式转化个人的习气，把内心积蓄的负面能量转化成正面能量，将愤怒的火焰转化成慈悲的甘泉。正如书中所言："你要是在一切境界里面起分别、起执着、起贪嗔痴慢，就被境界所转。"保持慈悲心，远离愤怒，如释重负。

推荐电影

1.《绿皮书》(Green Book)

2019年，导演：彼得·法雷里，主演：维果·莫腾森、马赫沙拉·阿里等。

推荐理由：电影《绿皮书》是2019年奥斯卡最佳影片。故事改编于真人真事。故事发生的背景是在20世纪60年代，美国种族主义盛行时期。黑人钢琴家唐聘请白人托尼当司机，两个月里，唐要在黑人最受歧视的南方巡回演出。他的目的很简单，证明黑人并不差。演出合同很苛刻，缺席一场，一分钱都拿不到。唐在艺术上的成就是公认的，他是杰出的钢琴演奏家。每到一地，迎接他的都是鲜花、掌声和扑面而来的赞扬。可是即便如此，在盛行种族隔离制度的南方，他也受尽了不公正的待遇。他不能出入白人开的酒馆，不能试穿服装店的西装，不能在天黑以后外出，甚至不能使用音乐厅的厕所。可以说别人觉得唐的"尊严"不是尊严，最后一站，他愤怒了，"要么让我进餐厅，要么我不演了"。唐的情绪得到了释放，他放下了所谓的"尊严"，也放下了沉重的包袱。当他在黑人小酒馆里纵情歌唱，当他演奏以前从不会演奏的乐曲，当他开始做之前从未做过的事，毫无疑问，他找到了自己，也完成了自我救赎。情绪是需要释放的，不要把它窝在心里，愤怒是好事情，能让我们找到自己，保护自己，善待自己，提醒自己是有热血、有温度，活生生的人。

2.《暴裂无声》

2017年，中国，导演：忻钰坤，主演：宋洋、姜武等。

推荐理由：《暴裂无声》的故事背景是20世纪90年代末期，当时国企工人面临着企业改制的问题，失去铁饭碗的稳定而变为风雨飘摇的不定。故事讲述的是一位失语的父亲寻找儿子的过程。影片的主角张保民在年轻时因为与他人打架斗殴，咬伤了舌头，造成发声困难。在"不再说话"与"不再打架"之间，他选择了前者。有一天，他被妻子喊回家去寻找自己失踪的儿子。寻子过程中，与大资本家昌万年发生冲突，在一次次或被动或主动的身体暴力中，让他一步步接近事情的真相。张保民只能通过流血和受伤的身体暴力来换取一点点的生存尊严。面对生活的困境，许多时候，以暴力的方式来维护自己的利益、释放自己的愤怒是无奈之举。但我们仍然不能够放弃内心的良知、本善，不能因为生活的苦、命运的厄而丧失人性。

3.《愤怒管理》(Anger Management)

2003年，美国，导演：彼得·西格尔，主演：亚当·桑德勒、杰克·尼科尔森等。

推荐理由：《愤怒管理》讲述了一个关于如何对愤怒进行管理的故事。影片中的主人公戴夫原本是一位看上去很正常的生意人，有着温文尔雅的外表和漂亮的女朋友。然而，他最大的问题就是不懂如何管理和表达自身的情绪。在一次旅行中，他失去控制，被认为不能控制情绪，被送去进行"情绪管理"训练。"情绪管理"课程的负责人是一位有点疯癫的精神病医生。巴迪使用各种无厘头式的"情绪管理"方法治疗戴夫，不断利用戴夫过去的心灵伤疤刺激他。对于戴夫来说，巴迪的疗法就像是一场灾难。其实，巴迪是按照让戴夫体察情绪、适当表达情绪、以合宜的方式疏解情绪的流程对他进行治疗的。最终让戴夫学会了发泄愤怒，摆脱了困扰，过上了幸福美满的生活。观看影片之后，我们可以懂得一个道理，即在生活中要相信自己，敢于尝试，敢于表达，做最真实的自己，这样人生才会轻松而精彩。

4.《三块广告牌》(Three Billboards Outside Ebbing, Missouri)

2017年，美国、英国，导演：马丁·麦克唐纳，主演：弗兰西斯·麦克多蒙德、伍迪·哈里森等。

推荐理由：这是一部关于愤怒和如何化解愤怒的电影。美国某小镇边上的一条偏僻的公路上竖起了三块广告牌，写着三句话："惨遭奸杀""还没抓到凶手？""威洛比在干吗？"广告发布者是一位绝望的母亲，因为女儿惨遭奸杀而追凶无果，案件没有任何进展，她才做出这种无奈之举，在女儿出事的路边竖起三块广告牌，与警察局对峙，表达愤怒。这样的方式给全镇人都造成了压力，导致罹患癌症的警长开枪自尽了，并留下了三封信，一封是写给妻子的；一封是写给那位母亲的；一封是写给自己的部下狄克森的，希望他改掉坏脾气，增加爱的力量。影片中的母亲米尔德里德与警察狄克森都是主动型攻击者，他们一旦愤怒，就会直接发动明显的破坏性行为。然而，当愤怒转化成爱与宽容后，事情就出现了转机。警察重新找到了人生价值，不再抱有仇视之心，不再执着于种族歧视。绝望的母亲虽然未能找到凶手为女儿报仇，却拯救了更多的人。影片中的人物彼此原谅、彼此宽容，不再相互伤害。生活中有许多问题都是长期积累下来的负面情绪造成的，发怒、做极端的事情无益于问题的解决，反而会引发更多的痛苦与伤害。唯有爱才能让我们情绪平静，唯有爱才能让我们看清问题的本质，唯有爱才能让我们恢复理性思考，唯有爱才能让我们收获理解与支持。

5.《愤怒》（Indignation）

2016年，美国、中国，导演：詹姆斯·夏慕斯，主演：莎拉·加顿、罗根·勒曼、崔西·莱茨等。

推荐理由： 影片改编自菲利普·罗斯2008年出版的同名小说，影片中文名《青春躁郁》。故事聚焦于美国一名犹太裔男青年在成长过程中的苦闷与彷徨。故事的背景是20世纪50年代，这个时期的美国刚刚经历第二次世界大战，国家和社会都让人们没有安全感。成年人和年轻人都面临前社会、家庭、内在、外在的各种各样的压力，于是他们在生活中不断地发生碰撞。父亲作为一名社会底层的工作者，希望自己的孩子可以改变命运，不要像自己一样做一辈子屠夫，然而不知道如何去表达；而作为处在青春期的儿子，即将成年独立，却很少能够感觉到青春期的愉悦，不仅要帮父亲的忙，还要受其监管、痛骂，感觉自己无法忍受这一切。儿子的本性、儿子内心的渴望与现实环境的差距，给他造成了巨大的压力。每个人都有过青春，都有自己的原生家庭问题，都存在不同的社会时代之下，都会遇到各种各样的问题，然而，只有直面自己的内心世界，才能处理好愤怒的问题。

附录：诺瓦克愤怒量表

诺瓦克愤怒量表

指导语： 阅读下面列出的25种可能的烦恼情形。在每种情况后面留有一个空格，估计一下通常情况下这种情形惹恼或激怒你的程度，使用下述简单的比率表：

0——你感到没什么烦恼或烦恼很小。
1——你感到有点烦恼。
2——你感到恼怒（中度的）。
3——你感到相当愤怒。
4——你感到非常愤怒。

如例所示，在每个问题后标出你的答案。

你正驱车到机场接朋友，却不得不停下来等一列货运列车通过。

回答这个问题的人估计他的反应值为2，因为他稍稍感到有些恼怒，但是，车过去后，这种情绪会迅速跟着过去。

在你描述自己会对下列的挑衅做出怎样的反应时，尽管许多可能的重要细节都忽略掉了（像是什么样的一天，谁会牵扯在这种环境里，等等），你也要做出最合适的估计。

下面是正式测试：

1. 你打开了刚买的一件设备，插上电，却发现它根本就不工作。
2. 你被一名修理人员敲诈，他要挟你。
3. 你被单挑出来改正错误，而其他人的行为没有被察觉。
4. 你的车陷进了泥浆里或雪窝里。
5. 你正在和某人说话，而他却不回答你。
6. 有人谎称他们有某种东西，而事实上他们却没有。
7. 在咖啡店，你正费力地把四杯咖啡往自己的桌子前端时，有人撞到了你，咖啡溅了出来。
8. 你已经把衣服挂好了，却有人把它碰到了地上，而且没有捡起来。
9. 从你进店的那一刻起，售货员就一直在跟着你。
10. 你已经安排好和某人一起出去，但是这人却在最后一刻爽约了，把你一个人晾在那里。
11. 被人开玩笑或被人奚落。
12. 红灯了，你的车停下来，而后面的家伙却不停地冲你按喇叭。
13. 你在停车场偶然转错了弯儿，你刚钻出汽车，就有人冲你叫道："是在哪儿学的车？"
14. 有人犯了错，却拿这件错事责备你。
15. 你正想集中精力，但是你周围的人却在用脚打拍子。
16. 你把某本重要的书或某个重要的工具借给某人，他却不还给你。
17. 你这一天很忙，但是和你在一起住的人却抱怨说，你本来答应做某件事情，可是你却忘记做了。
18. 你想和你的同伴或同事讨论某个重要的事情，但是他却不给你机会表达你的感受。
19. 你和某人在讨论，这人坚持要讨论他所知甚少的话题。
20. 当你和某个人进行讨论时，另外一个人却坚持要进来插话。
21. 你需要赶快到某个地方去，但是你前面的汽车却在40公里/小时的区域里以25公里/小时的速度往前开，你没法加速。
22. 踩在一块嚼过的口香糖上。
23. 当你路过时，受到一小群人的嘲笑。

24. 匆匆忙忙要去某个地方，结果你的一条很好的休闲裤子被一个锋利的东西剐破了。

25. 你用最后一枚硬币打电话，但是在你拨完之后却掉了线，而硬币也没有了。

说明与解释：

可以根据下面的分值解释你的总分。

0~45：你所体验到的愤怒与烦恼的数量相当低。只有很少一部分人在测试中能得这么低的分数。你就属于这少部分人！

46~55：你事实上要比一般人更平静。

56~75：你对生活的烦恼报以同等数量的愤怒。

76~85：你经常用一种愤怒的方式来对待生活中所遇到的烦恼。你事实上比一般人更易被激怒。

86~100：你真的是愤怒冠军，你被经常出现的狂怒反应折磨，这种反应不能很快消失。在最初的羞辱过去很久之后，你或许还一直有一种消极情感。你或许在你所知道的人当中有鞭炮或莽夫之名。你可能经常感到紧张头痛，血压也会经常升高。你的愤怒经常失去控制，非常冲动地爆发敌意，这种冲动有时会让你陷入麻烦。成人中只有很少一部分人像你这样做出激烈的反应。